왕릉으로
만나는
역사

신라왕릉

일러두기

1 신라의 경우, 시기별로 왕을 부르는 호칭의 차이가 있기에 그것에 맞게 표기하는 것을 원칙으로 하였으며, 다만 문화재는 '○○왕릉'으로 통일되어 있어, 이 부분은 공식 문화재 명칭을 준용해서 사용하였습니다.

　　📖 일성이사금 / 일성왕릉

2 삼국통일은 삼한일통으로 표기하였습니다.

3 신라의 도읍 역시 시기에 따라 여러 명칭으로 불리고 있으나, 이 책에서는 서라벌(徐羅伐)로 통일해서 사용하되 원문을 표기할 경우 원 명칭을 사용하였습니다

4 인명의 경우 역사서의 기록을 근거하였습니다.

5 책의 내용에 인용된 원문이나 자세한 내용은 참고문헌이나 미주에 표기하였습니다.

6 수록 사진은 저작권 구매 또는 사용 허락을 받았습니다. 일부는 원저작권자를 확인하지 못한 상태로 출판되었으며, 저작권자가 확인될 시 저작권자와 협의하겠습니다.

왕릉으로 만나는 역사

김희태 지음

新羅王陵 신라왕릉

그간 경주는 참 많이도 다녔다. 고향이 대구여서 지리적으로 가까운 측면도 있고, 역사에 관심을 가진 뒤로는 탐방과 문화재 답사를 위해 1년에도 수차례 방문하는 것이 일상이 되었다. 대부분의 사람들이 동의하는 것처럼 경주는 도시 그 자체가 야외 박물관이라고 해도 손색이 없다. 특히 경주 시내를 중심으로 도보와 자전거로 충분히 답사를 즐길 수 있다는 점에서 역덕들에게 있어 성지나 다름없다. 탐방을 진행하며 신라의 역사를 문화재와 연결시켜 쉽게 접근할 방법이 없을까 고민하던 중, 신라왕릉이 눈에 들어왔다.

왕릉은 단순한 무덤이 아닌 그 시대의 역사와 시대상을 담고 있기에 경주나 신라의 역사를 처음 접한다면 충분히 관심을 가질 만한 주제가 아닐까 싶다. 그렇게 신라왕릉을 주제로 신라의 역사를 읽어보는 방식의 책을 구상할 수 있었다. 사실 신라왕릉과 관련해서는 지난 2016년 『이야기가 있는 역사여행: 신라왕릉답사 편』(퍼플)을 출간한 적이 있다. 하지만 당시에는 작가로서의 역량이 부족할 때였고, 사료의 접근과 해석이 좋지 못했기에 부정확한 내용이 다수 실려 지금 보면 부끄럽기 짝이 없을 정도다. 그랬기에 이를 뛰어넘는, 제대로 된 신라왕릉 관련 책을 내고 싶은

욕심이 컸고, 그 사이에 다양한 시각으로 여러 자료를 접하면서 더 의미 있는 책을 준비할 수 있었다. 따라서 이 책의 기본 틀은 『이야기가 있는 역사여행: 신라왕릉답사 편』과 동일하나, 대부분 내용에서 큰 변화가 있음을 밝힌다. 2016년 이후 사진 촬영과 자료 취합 및 정리 등을 통해 책이 만들어질 수 있었는데, 이 과정이 쉬운 것은 아니었다.

우리는 신라를 이야기할 때 천 년을 강조하는 경향이 있다. 사실 역사를 돌이켜보면 하나의 나라가 천 년을 유지한다는 것은 흔한 사례가 아니다. 당장 중국사를 봐도 단명한 왕조가 수두룩하기에, 신라 천 년의 역사 속에서 우리는 고대사의 희로애락을 엿볼 수 있다. 신라는 기원전 57년 박혁거세(朴赫居世)를 시작으로, 935년(경순왕 9) 경순왕이 고려로 귀부하기까지 무려 992년에 걸쳐 56명의 왕이 통치하며 흥망성쇠를 거쳤다.

이를 보여주는 문화재가 바로 신라왕릉이다. 다만 조선왕릉과 달리 신라왕릉은 전체 왕릉이 온전히 남아 있지는 않다. 스스로 기록을 남기지 못했기에, 시간이 지나면서 왕릉의 위치를 알 수 없게 된 측면이 컸다. 그 결과, 경기도 연천에 있는 경순왕릉을 제외하더라도 경주에 36기의 신라왕릉이 전해지고 있음에도 진위 여부와 관련해 논란이 있는 것이 현실이다.[1] 이러한 논란은 고고학이 발전한 오늘에만 있었던 것이 아니다. 조선 후기 경주를 찾았던 추사 김정희(金正喜, 1786~1856)는, 「신라진흥왕릉고(新羅眞興王陵考)」를 통해 그간 전해졌던 선도산 고분군의 진흥왕릉 위치가 잘못되었음과 서악동 고분군 중 하나를 진흥왕릉이라고 주장했다. 또, 화계 유의건(柳宜健, 1687~1760)은 「나릉진안설(羅陵眞贗說)」을 내세워 당시 무리하게 행해진 신라왕릉의 비정에 대해 비판하는 모습을 보였다.

특히 조선 후기에 이르러 새로운 신라왕릉이 많이 비정 되었는데, 이 같은 현상에 대해 이근직(2012)은 족보가 성행했던 환경과 무관하지 않다고 진단했다. 이처럼 당시에도 문제가 제기된 신라왕릉의 진위 논란은 고고학이 발달한 현재의 관점에서는 더욱 명확하다. 가령, 초기 왕릉인데 고분의 형태는 후기의 석실분인 경우라면 누가 보더라도 문제가 될 수밖에 없는 것이다. 다만 이러한 전칭왕릉에 대한 부분은 고고학적 견해와 달리 보는 것 역시 필요하다. 비록 고고학적으로는 타당하지 않지만 이미 오래전부터 왕릉으로 인식되어 온 데다 상징적인 의미도 있기에 존중할 필요가 있다. 그렇기에 이 부분은 본문과 신라왕릉 일람표 등에 충분히 반영해 독자들의 이해를 돕고자 했다. 아울러 관련 장소를 수차례 방문하며 혹시 빠진 부분이 없는지, 현장에서 느낄 수 있는 이야기가 있는지 찾으려 했다. 그렇게 많은 사진을 찍고, 관련 장소들을 찾아다닌 끝에 이 책이 발간될 수 있었다.

한편 왕릉의 시대는 『삼국사기』를 참고해 ▶상대(上代, 박혁거세 – 진덕여왕) ▶중대(中代, 무열왕 – 혜공왕) ▶하대(下代, 선덕왕 – 경순왕)로 구분했으며, 왕릉의 장지 관련 기록과 이를 입증할 수 있는 사찰과 문화재 등도 함께 소개하고자 했다. 또한, 책을 집필하는 과정에서 필자의 경우 전문적인 연구를 진행하는 학자는 아니기에, 역사적 사실과 신라왕릉이 있는 현장은 내용 검토의 중요한 잣대가 되었다. 적어도 이 책이 부정확한 오류를 담아 독자들에게 혼란을 초래해서는 안 되기 때문에, 아래 기준에 의해 책을 집필하고자 했음을 밝힌다.

- 『삼국사기』와 『삼국유사』 등의 역사서처럼 기록이 남아 있는 경우
- 울주 천전리 각석처럼 금석문이 있는 경우
- 기타 문화재와 논문 등을 통해 위의 사실을 보충하는 경우

위의 기준과 함께 '아는 대로 쓰고, 모르는 건 모르는 대로 남겨 둔다.'라는 집필 원칙을 최대한 지키려 했으며, 연구자들의 학술 자료를 검토하고 역사적 해석에 대한 부분도 함께 담고자 했다. 아울러 이 책을 집필하기까지 관련 자료와 사진을 공유해주신 김환대 선생님과 강인욱 교수님, 임병기 선생님, 지선이와 이건일 형님께 감사의 인사를 드린다. 또한, 함께 신라왕릉 답사를 다니며 다양한 에피소드를 경험했던 내 친구 백근우, 박주현에게도 지면을 빌려 고마움을 전한다. 마지막으로 답사를 위해 많은 날을 밖에서 보내야 했고, 이번 책의 집필을 위해 물심양면으로 지지해준 아내와 딸 유나에게 이 책을 바친다.

칠보산이 보이는 호매실동의 자택에서
김희태 쓰다

3장　신라 중대

5장 왕릉과 함께 주목해볼 고분

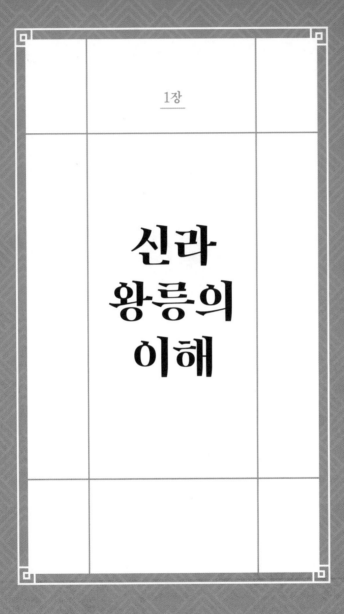

1장

신라
왕릉의
이해

능묘의 구분[2]

우리 주변에서 접할 수 있는 유적 중에는 고분(古墳), 즉 무덤이 있는데, 그 형태와 출토되는 유물을 통해 과거 사회의 시대상과 문화, 무덤 주인의 지위 등을 알 수 있다.

천마총(天馬塚)

그런데 이상하지 않은가? 경주 대릉원(大陵園)을 걷다 보면 어떤 무덤

공주 무령왕릉. 출토된 지석을 통해 백제 무령왕의 능으로 확인되었다.

傳 홍유후 설총의 묘(墓)

은 총(塚)으로 부르는 반면, 분(墳)이라 불리는 무덤이 있다는 사실을 말이다. 범위를 조금 넓혀보면 미추왕릉처럼 능(陵)이라 불리는 고분도 있으며, 김유신과 설총의 무덤처럼 묘(墓)라고 불리는 경우도 있다. 그렇다면 무덤을 부르는 명칭은 어떻게 구분되는 것일까? 쉽게 무덤에 묻힌 사람이 누구인지 알고 모르는 것에 따라 나눌 수 있다. 묻힌 사람이 누구인지 알 경우 능(陵)과 묘(墓)로,[3] 모를 경우 총(塚)과 분(墳)으로 불린다.

세부적으로 능(陵)은 왕과 왕비의 무덤을 뜻하며, 묘(墓)는 그밖에 모든 사람들의 무덤을 이야기한다. 총(塚)은 누구의 무덤인지는 알 수 없지만 신분이 높은 사람, 혹은 특징적인 유물이 출토된 경우에 붙여졌다.[4] 반면 아직 발굴 조사 전이거나, 특징적인 유물이 출토되지 않았을 경우 일련번호를 붙여 분(墳)이라 부른다. 이와 관련해 천마총은 천마도가 그려진 장니(障泥)[5]가 출토되었기에 붙여진 이름이며, 금관총(金冠塚)은 금관이 최초로 출토되어 붙여진 명칭이다. 무령왕릉에서 지석(誌石)[6]이 출토되지 않았다면 어쩌면 총(塚)이나 분(墳)으로 불렸을지도 모를 일이다.

02 시기별 왕릉의 구분

신라의 왕릉급 고분 가운데, 무덤 양식과 출토 유물의 특징점이 확인되는 지점은 마립간(麻立干) 시기다. 마립간 시기는 ▶내물마립간(奈勿麻立干, 재위 356~402) ▶실성마립간(實聖麻立干, 재위 402~417) ▶눌지마립간(訥祇麻立干, 재위 417~458) ▶자비마립간(慈悲麻立干, 재위 458~479) ▶소지마립간(炤知麻立干, 재위 479~500) ▶지증마립간(智證麻立干, 재위 500~514)[7]까지를 말한다. 마립간 시기의 무덤 양식은 돌무지덧널무덤으로 불리는 적석목곽분(積石

봉황대(鳳凰臺), 단일 고분으로는 가장 큰 규모의 무덤, 마립간 시기의 왕릉급 고분으로 추정된다.

木槨墳)으로, 왕릉의 연구에 있어 이전·이후로 구분될 만큼 중요하다.

적석목곽분이 조성된 시기 역시 대략 4세기 후반에서 6세기 초반으로, 마립간 시기와 일치하고 있다. 마립간 시기 이전까지 신라의 무덤 양식은 목관묘(木棺墓), 목곽묘(木槨墓)가 주를 이루기에 적석목곽분의 형태와는 확인한 차이를 보인다.[8]

목관묘(기원전 1세기~기원후 1세기) – 목곽묘(2세기~4세기 중반)
– 적석목곽분(4세기 후반~ 6세기 초반) – 횡혈식석실분(6세기 중반 이후)

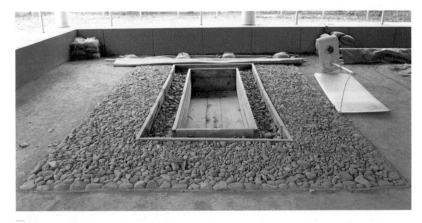

목관묘(木棺墓). 땅을 파고 나무로 만든 관에 시신을 안치한 뒤 흙을 덮는 방식이다.

천마총의 내부. 나무로 만든 묘실과 부장품 공간 위로 돌과 흙을 덮는 방식이다. 무덤 양식은 적석목곽분이다.

장산 토우총의 내부. 무덤 양식은 횡혈식석실분이다. ⓒ김환대

마립간 시기가 중요한 이유는 고고학의 시각으로 볼 때 이전 목관묘(木棺墓), 목곽묘(木槨墓) 단계에서는 왕릉으로 규정할 만한 무덤을 찾기가 쉽지 않은 탓이다.[9] 이는 무열왕릉 이전까지 비석을 세우지 않은 데다, 도굴로 인해 무덤의 특징적인 유물 상당수가 사라졌기 때문이다. 반면 마립간 시기의 무덤은 규모가 크고, 조성 방식 때문에 도굴로부터 안전했다. 발굴 조사를 거쳐 출토된 부장품을 통해 무덤 주인의 생전 지위를 추

첨성대 방향에서 바라본 황남동 고분군. 마립간 시기 경주 시내에 집단으로 능묘가 조성되었다.

정해볼 수 있어, 경주 시내의 규모 있는 무덤들은 마립간 시기를 연구하는 데 중요한 자료가 된다.

이후 무덤 양식은 기존의 적석목곽분에서 횡혈식석실분(橫穴式石室墳)으로 변화했다. 횡혈식석실분은 동 시기 고구려와 백제의 무덤에서도 나타나고 있으며, 무덤 양식의 변화와 함께 왕릉의 규모가 작아지고, 산 혹은 경주의 외곽지역으로 벗어나는 경향을 보인다. 이전까지 집단으로 조성되던 고분이 개별능원으로 변화한 것이다. 또한, 경주 용강동 고분과 황성동 고분 등의 사례처럼 경주 시내에서 석실분으로 조성된 무덤도 확인된다. 한편 주목

장산 토우총. 산으로 옮겨가는 고분 ⓒ김환대

경주 용강동 고분　　　　　　　경주 황성동 고분

할 변화로는 불교의 등장이었다. 불교의 수용과 확산은 왕릉의 조성과 장례에 영향을 미쳤는데, 효성왕(孝成王)과 선덕왕(宣德王)의 사례처럼 시신을 화장해 산골한 사례가 있어 일부 왕릉의 경우 조성되지 않았음을 보여준다.

표 1. 왕릉의 외형 변화

선덕여왕릉, 선덕여왕릉, 자연석을 호석으로 사용	신문왕릉, 다듬은 5단 형태의 호석과 받침석

성덕왕릉, 판석 형태로 변화한 호석, 받침석과 난간석	원성왕릉, 받침석이 사라진 형태

왕릉의 구조와 명칭

신라 중대가 시작되면서 왕릉의 규모는 축소되지만 외형은 더 화려해졌다. 무덤 주인이 명확한 선덕여왕릉과 무열왕릉은 자연석을 호석으로 두른 반면, 신문왕릉은 인위적으로 다듬은 5단 형태의 호석과 함께 받침석이 등장했다. 성덕왕릉에서는 기존 형태와 다른 판석 형태의 호석으로 변화한 것, 받침석의 바깥으로 난간석을 두른 것이 특징이다. 반면 경덕왕릉부터는 받침석이 사라지고, 탱석에 십이지신상을 새기는 방식으로 변화했다. 이후 신라의 쇠퇴와 함께 왕릉의 규모는 축소되었다.

03   왕릉에 세워진 석물과 비석

무열왕릉을 시작으로 석물과 비석이 세워지기 시작했는데, 이는 이전 왕릉과는 확연한 차이를 보이는 부분이다. 비석의 등장과 석물의 변화 과정을 통해 왕릉의 발전 순서를 이해할 수 있다.

화표석

화표석(華表石)은 묘역의 시작점을 표시한 것으로, 팔각 형태의 석물이다. 신라왕릉의 경우 화표석은 원성왕릉과 흥덕왕릉 두 곳에만 남아 있다. 화표석은 망주석(望柱石)과 유사한 석물로 신라왕릉은 능의 입구에, 조선왕릉은 능침에 세워졌다는 차이가 있다.[10]

표 2. 신라왕릉의 화표석

원성왕릉의 화표석(A)

원성왕릉의 화표석(B)

흥덕왕릉의 화표석(A)

흥덕왕릉의 화표석(B)

관검석인상과 호인상

왕릉에 석인상이 등장한 건 성덕왕릉이 최초다. 성덕왕릉에는 관검석인상(冠劍石人像) 2기가 남아 있는데, 이 중 1기는 상반신 일부만 남아 있다. 관검석인상은 관모와 갑주를 두른 관복, 소매 뒤로 검을 들고 있는 것이 특징이다. 형태와 크기의 차이가 있지만, 당나라 황릉에 세워진 관

표 3. 신라왕릉의 관검석인상

성덕왕릉의 관검석인상(A)	원성왕릉의 관검석인상(A)	흥덕왕릉의 관검석인상(A)
성덕왕릉의 관검석인상(B)	원성왕릉의 관검석인상(B)	흥덕왕릉의 관검석인상(B)

검석인상과 유사성이 확인된다. 현재 관검석인상이 세워진 신라왕릉은 ▶성덕왕릉 ▶원성왕릉 ▶흥덕왕릉 등이다.

또 다른 석인상인 호인상(胡人像)도 주목되는데, 서역인을 닮은 듯 이국적인 외형이 특징이다. 때문에 실크로드를 이야기할 때 자주 등장하는

석물로, 경주 용강동 고분에서 출토된 토용과 함께 주목받고 있다. 호인
상이 왕릉에 세워진 것은 원성왕릉이 가장 빠르다. 이와 관련해 이근직
(2012)은 '당나라에서 호인용이 능묘의 명기로 유행하기 시작한 시기가 8
세기 후반인 점을 고려해야 한다'고 해석한다.[11] 현재 신라왕릉 가운데 호
인상이 남아 있는 곳은 원성왕릉과 흥덕왕릉이다. 이밖에 헌덕왕릉의 것
으로 전해지는 호인상의 상반신 일부가 경주고등학교 교정에 남아 있다.
하지만 석상 형태의 호인상은 흥덕왕릉을 끝으로 사라졌다. 이후 구정동

표 4. 신라왕릉의 호인상

원성왕릉의 호인상(A)

원성왕릉의 호인상(B)

헌덕왕릉 추정 호인상 전면

헌덕왕릉 추정 호인상 후면

표 계속 ▷

| 흥덕왕릉의 호인상(A) | 흥덕왕릉의 호인상(B) |

방형분의 모서리 기둥에 돋을새김 형태로 확인된다.(표-6 참고)

석사자상

석사자상 역시 성덕왕릉에서 최초로 확인되는데, 현재 4개의 석사자상이 남아 있다. 앞선 관검석인상처럼 중국 당나라 황릉에서 확인되는 것과 형태와 크기 등의 차이는 있지만, 유사성이 확인된다. 이는 신라왕릉의 조성에 있어 당나라 황릉을 참고했음을 보여준다. 불교에서 사자는 상서로운 동물로, 현재도 사자가 들어간 불교 유적을 볼 수 있다. 대표적으로 ▶경주 불국사 다보탑 석사자상 ▶보은 법주사 쌍사자 석등 ▶경주 분황사 모전석탑 석사자상[12] ▶구례 화엄사 사사자 삼층석탑 ▶의성 관덕동 삼층석탑 등이 있다. 현재 석사자상인 남아 있는 신라왕릉은 ▶성덕왕릉 ▶원성왕릉 ▶흥덕왕릉이다.

하지만 흥덕왕릉을 끝으로 석상 형태의 석사자상은 사라졌다.

경주 불국사 다보탑과 석사자상

보은 법주사 쌍사자 석등

경주 분황사 모전석탑

분황사 모전석탑 석사자상

의성 관덕동 삼층석탑과 석사자상

표 5. 신라왕릉의 석사자상

성덕왕릉의 석사자상(A)

성덕왕릉의 석사자상(B)

성덕왕릉의 석사자상(C)

성덕왕릉의 석사자상(D)

원성왕릉의 석사자상(A)

원성왕릉의 석사자상(B)

원성왕릉의 석사자상(C)

원성왕릉의 석사자상(D)

흥덕왕릉의 석사자상(A)

흥덕왕릉의 석사자상(B)

흥덕왕릉의 석사자상(C)

흥덕왕릉의 석사자상(D)

표 6. 구정동 방형분 모서리 기둥

호인상

구정동 방형분의 모서리 기둥

석사자상

이후 구정동 방형분의 모서리 기둥에 돋을새김 형태의 석사자상이 확인된다.

비석

비석은 한자 그대로 '돌로 만든 비'를 뜻하는데, 무덤 주인의 생애와 업적 등을 기록했다. 비석의 세부 명칭은 받침돌인 귀부(龜趺)와 몸체인 비신(碑身), 머리에 해당하는 이수(螭首)로 구성되어 있다. 왕릉에 세워진 첫 비석은 무열왕릉으로, 지금도 비석의 귀부와 이수가 남아 있다. 이밖에 ▸문무왕릉 ▸성덕왕릉 ▸흥덕왕릉 등도 비석을 세운 흔적이 확인된다. 문무왕릉비는 사천왕사지 서편 귀부에 있었던 것으로 추정되는데, 현재 비의 하단부와 상단부의 비편 일부가 남아 있다. 반면 성덕왕릉은 귀부만 남아 있으며, 흥덕왕릉의 경우 귀부 주변에서 유의미한 비편이 확인되며, 무덤 주인이 확실한 신라왕릉으로 인정받고 있다.

표 7. 능묘의 비석

무열왕릉의 귀부와 이수	이수에 새겨진 태종무열대왕지비 (太宗武烈大王之碑)

서악동 귀부

김인문 묘비

사천왕사지 동편 귀부

사천왕사지 서편 귀부

문무왕릉비 상단

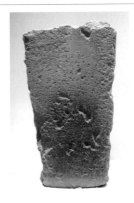

문무왕릉비 하단

표 계속▷

| 성덕왕릉 귀부 | 흥덕왕릉 귀부 |

한편 이 시기에는 왕릉뿐 아니라 묘에도 비석이 세워졌다. 김인문 묘비와 김유신 묘비가 대표적으로, 김인문 묘비는 서악서원(西岳書院) 영귀루(詠歸樓) 부근에서 발견되었다. 때문에 멀지 않은 서악동 귀부에 세워졌던 것으로 추정하고 있다. 또한『삼국사기』김유신 열전을 보면, 김유신이 세상을 떠나자 금산원(金山原)에 장사를 지낸 뒤 비석을 세워 그의 공명을 기록하게 했다.[13] 이때 김유신 묘비를 김각간비(金角干碑)라 불렀는데, 유득공(柳得恭, 1748~1807)은 태학사 대제학 홍공에게서 김각간비의 탁본[14]을 빌려 봤다고 한다. 그는 탁본 속 글자 중 수유후곤(垂裕後昆), 조수특진(詔授特進) 등의 50여 자만 판독할 수 있었다.[15] 안타깝게도 김각간비는 유득공이 탁본을 봤을 당시 사라진 상태였고, 행방을 알 수 없었다고 한다.[16] 이처럼 김인문 묘비와 김유신 묘비 등을 통해 왕릉에만 비석이 세워진 것이 아님을 알 수 있다.

상석

상석(床石)[17]은 무덤 앞에 있는 장방형의 상으로, 제사에 쓸 제물을 올렸다. 현재까지 확인된 왕릉의 상석 중 가장 이른 시기의 것은 무열왕릉으로, 형태는 1단 형식의 장방형[18]이다. 신문왕릉의 상석은 무열왕릉과 달리 2단 형식으로, 전면에 계단이 있다. 이후 성덕왕릉을 시작으로 흥덕왕릉에 이르기까지 안상(眼象)이 새겨진 판석 형태의 상석이 조성되었는데, 傳 황복사지 동편의 폐고분지, 경주 표암재(瓢巖齋) 등에서도 확인되었다. 하지만 신라가 쇠퇴하기 시작하면서 상석 역시 ▶傳 민애왕릉 ▶헌강왕릉 ▶정강왕릉처럼, 형태와 규모가 간소화된 특징을 보인다.

표 8. 신라왕릉의 상석

무열왕릉의 상석	신문왕릉의 상석

효소왕릉의 상석	성덕왕릉의 상석

표 계속▷

경덕왕릉의 상석

원성왕릉의 상석

헌덕왕릉의 상석,
해당 상석은 경덕왕릉의 상석을 토대로
복원한 것이다.

흥덕왕릉의 상석

헌강왕릉의 상석

정강왕릉의 상석

04   십이지신상의 변화 과정

열두 동물[19]을 형상화한 십이지신상은 성덕왕릉에서 최초로 확인된다. 외형은 석상 형태로 출발해 탱석에 돋을새김 방식으로 변화했다. 현재까지 ▶성덕왕릉 ▶경덕왕릉 ▶원성왕릉 ▶헌덕왕릉 ▶흥덕왕릉 ▶진덕여왕릉 등에서 십이지신상이 확인되었다. 이밖에 ▶김유신 묘 ▶구정동 방형분 ▶능지탑 ▶傳 황복사지 등에서도 확인되는데, 능지탑의 십이지신상 중 인(寅)상을 비롯해 傳 황복사지에서 확인된 6기의 십이지신상(卯, 巳, 午, 未, 申, 子)[20], 경주박물관의 야외에 전시된 십이지신상 등의 경우 문관복을 입고 있는 반면, 다른 능묘의 십이지신상은 무관복을 입고 있다.

표 9. 능묘의 십이지신상

성덕왕릉, 유(酉)상 석상 형태의 십이지 신상이 특징	경덕왕릉, 자(子)상 탱석에 돋을새김 방식으로 변화	능지탑, 인(寅)상, 문관복	원성왕릉, 인(寅)상, 무관복

하지만 흥덕왕 사후 신라는 정치적 혼란과 국력의 쇠퇴를 겪었고, 왕릉의 규모는 전성기보다 축소되었다. 그래서 쇠퇴기의 십이지신상은 청동제와 납석제(蠟石製)[21] 같은 재질로 만들어 무덤 내부에 부장하는 방식

현릉(顯陵)[22]의 수관인신. 관모 위로 소(丑)가 새겨져 있다.

목릉(穆陵)[23]의 수관인신. 관모 위로 토끼(卯)가 새겨져 있다.

으로 변화했다.

십이지신상은 고려·조선왕릉으로 계승되었다. 형태는 시기에 따라 일부 차이가 있는데, 개성시 해선리에 있는 명릉군 제2릉의 경우 병풍석에 문관복을 입고 있는 십이지신상이 새겨져 있다. 반면 공민왕릉[24]을

경주 傳 민애왕릉에서 출토된 십이지신상(巳, 午)

시작으로, 조선왕릉에서 확인되는 십이지신상은 구름 문양의 와운문(渦雲文)과 함께 의인화된 수관인신(獸冠人身)의 관모 위에 열두 동물이 새기는 형태로 변화했다.

왕릉과 사찰은 어떤 관련이 있을까?

  신라왕릉의 위치를 알기 위해서는, 먼저 왕릉과 사찰의 관계를 이해할
필요가 있다. 감은사(感恩寺)처럼, 죽은 왕의 명복을 빌고자 왕릉 인근에
원찰(願刹)을 세웠는데, 이는 고구려·백제·고려·조선왕릉 등에서도 확인
된다.

  특히 사찰을 통해 신라왕릉의 위치를 알 수 있다는 점에서 주목된다.
『삼국사기』와 『삼국유사』를 보면 사찰 인근에 왕릉이 있다고 기록되어 있
기 때문이다.[25] 다음 표는 사찰과 왕릉의 위치 기록을 정리한 것이다.

사비 시기 백제 왕릉인 부여 왕릉원, 원찰인 능산리사지(陵山里寺址)

추존 장조(사도세자)와 헌경의황후(혜빈 홍씨)의 화성 융릉(隆陵), 원찰인 용주사(龍珠寺)

표 10. 능묘와 사찰

순번	왕릉	삼국사기	삼국유사
1	박혁거세 (오릉)	담암사 북쪽 (在曇巖寺北)	담엄사 북쪽 능 (曇嚴寺北陵)
2	미추왕릉	–	흥륜사 동쪽 (在興輪寺東)
3	법흥왕릉	애공사 북쪽 봉우리 (葬於哀公寺北峯)	애공사 북쪽 (陵在哀公寺北)
4	진흥왕릉	애공사 북쪽 봉우리 (葬于哀公寺北峯)	–
5	진지왕릉	영경사 북쪽 (葬于永敬寺北)	애공사 북쪽 (墓在哀公寺北)
6	무열왕릉	영경사 북쪽 (葬永敬寺北)	애공사 동쪽 (葬於哀公寺東)
7	문무왕릉		감은사 동해 바다 (陵在感恩寺 東海中)
8	효소왕릉	망덕사 동쪽 (葬于望德寺東)	망덕사 동쪽 (陵在望德寺東)
9	성덕왕릉	이거사 남쪽 (葬移車寺南)	–
10	효성왕릉	법류사 남쪽 화장, 동해 산골 (燒柩於法流寺南 散骨東海)	법류사 화장, 동해 산골 (法流寺火葬 骨散東海)
11	경덕왕릉	모지사 서쪽 봉우리 (葬毛祇寺西岑)	경지사 서쪽 봉우리, 양장곡 이장 (初葬頃只寺西岑鍊石爲陵 後移葬楊長谷中)
12	원성왕릉	봉덕사 남쪽 화장 (以遺命擧柩燒於奉德寺南)	토함산 서쪽 동곡사(숭복사), 최치원 비석이 있음 (王之陵在吐含岳西洞鵠寺[今崇福寺] 有崔致遠撰碑)
13	헌덕왕릉	천림사 북쪽 (葬于泉林寺北)	–
14	헌강왕릉	보리사 동남쪽 (葬菩提寺東南)	–

15	정강왕릉	보리사 동남쪽 (葬菩提寺東南)	–
16	효공왕릉	사자사 북쪽 (葬于師子寺北)	사자사 화장, 구지제 동쪽 산허리 (火葬師子寺北 骨藏于仇知堤東山脇)
17	경명왕릉	황복사 북쪽 (葬于黃福寺北)	황복사 화장, 성등잉산 산골 (火葬皇福寺 散骨于省等仍山西)
18	김유신 묘	–	서산 모지사 북쪽, 동향 봉우리 (陵在西山毛只寺之北東向走峰)

경주 담엄사지 출토 팔부중

〈표-10〉에서 볼 수 있듯, 주요 왕들의 장지에 사찰이 등장한다. 이는 해당 사찰이 고증될 시 왕릉의 위치 비정에 중요한 단서가 된다는 점에서 의미가 있다. 표 가운데 효성왕은 법류사(法流寺)에서 화장한 뒤 동해바다에 뿌렸고, 선덕왕(宣德王, 재위 780~785) 역시 유언에 따라 사찰에서 화장 후 동해바다에 산골

담엄사지 당간지주와 초석 ⓒ김환대

경주 흥륜사(興輪寺)

한 기록이 확인된다.

혁거세의 능은 현 오릉(五陵)이며, 오릉의 경내에는 담엄사(曇嚴寺)의 흔적으로 알려진 당간지주와 초석 등이 남아 있다. 흥륜사(興輪寺)는 본래 천경림(天鏡林)이 있던 곳으로, 법흥왕 때 이차돈이 순교한 뒤 사찰을 지은 장소다. 다만 『삼국유사』에 기록된 흥륜사가 지금의 흥륜사를 이야기하는지는 확실치 않다.

경주 서악동 삼층석탑

애공사 탑으로 불린 경주 효현동 삼층석탑

▶법흥왕릉 ▶진흥왕릉 ▶진지왕릉 ▶무열왕릉의 위치 비정의 근거가 되는 장소는 애공사(哀公寺)와 영경사(永敬寺)다. 이 중 애공사탑이라 불리기도 했던 경주 효현동 삼층석탑 자리를 애공사로, 지금의 서악동 삼층석탑이 있는 곳을 영경사로 본 결과 현 법흥왕릉과 진지왕릉의 위치 비정이 이루어졌다. 다만 이 부분은 진위 논란이 있다.

경주 망덕사지(望德寺址)

경주 이거사지(移車寺址)

경주 숭복사지(崇福寺址)

경주 보리사(菩提寺)

효소왕릉의 위치 비정의 근거가 되는 망덕사지(望德寺址)는 사천왕사지의 남쪽에 위치하고 있다. 위치상 부합되는 왕릉은 신문왕릉이기에, 신문왕릉을 효소왕릉으로 봐야 한다는 견해도 있다. 이거사지(移車寺址)는 경주시 도지동에 위치하고 있으며, 이거사지의 남쪽에 성덕왕릉이 자리하고 있다. 지금은 탑의 부재만 덩그러니 놓여있어 영락없는 폐사지의 모습이지만, 해당 사찰은 성덕왕릉을 찾는 중요한 이정표가 된다. 경덕왕릉의 위치 비정의 근거가 되는 모지사(毛祇寺)와 경지사(頃只寺)의 경우, 정확히 어디를 이야기하는 것인지 밝혀지지 않았다.

한편 원성왕릉의 위치와 관련해 중요한 근거가 되는 숭복사지(崇福寺址)는 경주시 외동읍 말방리에 있는 사찰로, 최치원이 쓴 초월산대숭복사비(初月山大崇福寺碑)[26]를 통해 확인되었다. 헌덕왕릉은 천림사(泉林寺)의 북쪽에 있다고 했는데, 현 헌덕왕릉의 남쪽 제방에서 발견된 임천사지(林泉寺址)를 천림사로 보

경주 남산 미륵곡 석조여래좌상

고 있다. 또한, 헌강왕릉과 정강왕릉의 위치 비정의 근거가 되는 보리사(菩提寺)는 경주시 배반동 남산 미륵곡에 있는 사찰이다. 그러나 『삼국사

경주 황오동 삼층석탑

경주 傳 황복사지 삼층석탑

기』에 기록된 보리사가 현 보리사인지는 확실치 않다.

사자사(師子寺)의 경우 현 효공왕릉의 남쪽 배반동 장골 일대에 있던 사찰로 추정되는데, 현 경주 황오동 삼층석탑이 이곳에서 옮겨온 것이다. 경명왕릉의 장지 기록에서 언급되는 황복사(黃福寺)는 현 낭산의 동북쪽으로 추정된다.

사천왕사지, 선덕여왕릉의 위치 비정의 근거[27]

사찰을 통해 왕릉의 무덤 주인이 확인된 사례가 있는데, 선덕여왕릉이다. 『삼국사기』에는 선덕여왕의 능이 낭산(狼山)에 있다고 했다. 『삼국유사』에 언급된 지기삼사(知幾三事)의 내용 중 선덕여왕이 자신이 죽은 뒤 도리천(忉利天)에 장사지낼 것을 부탁했는데, 도리천이 어딘지 몰랐던 신하들이 왕에게 묻자, 낭산(狼山)의 남쪽이라고 언급한 부분이 있다.

신문왕릉에서 바라본 경주 낭산

사천왕사지(四天王寺址)

이후 문무왕이 선덕여왕의 무덤 아래 사천왕사(四天王寺)를 세웠고, 그제야 신하들은 사천왕천 위에 도리천이 있다는 불경의 구절을 생각하며 선덕여왕의 지혜에 탄복했다고 한다. 이를 통해 낭산에 선덕여왕릉이 있고, 남쪽에 사천왕사가 있었음을 알 수 있는데, 현 위치와 정확히 일치한다.

괘릉, 원성왕릉으로 바뀐 이유는?[28]

원성왕릉은 과거 괘릉(掛陵)으로 불렸는데, 지금은 위치가 고증되어 원성왕릉으로 명칭이 변경되었다. 『삼국사기』를 보면 원성왕이 세상을 떠난 뒤 봉덕사(奉德寺) 남쪽에서 화장을 진행했다고 하는데, 해당 기록만으로는 원성왕릉의 위치를 알 수 없다. 반면 『삼국유사』에는 원성왕릉이 토함산(吐含山) 서쪽 동곡사(洞鵠寺), 즉 지금의 숭복사(崇福寺)에 있다는 것과 사찰에 최치원(崔致遠)이 지은 비석이 있다는 내용이 적혀있다.

실제로 외동읍 말방리에 있는 숭복사지(崇福寺址)에서 최치원이 쓴 초월산대숭복사비(初月山大崇福寺碑)의 비편이 확인되면서, 현재는 괘릉이 아닌 원성왕릉으로 표기하고 있다. 이처럼 신라왕릉을 방문하게 된다면 단순히 왕릉의 외형만 볼 것이 아니라, 위치 비정의 근거가 되는 사찰 역시 함께 주목해야 한다.

초월산대숭복사비(初月山大崇福寺碑), 원성왕릉의 위치 비정에 중요한 근거가 되었다.

현재까지 알려진 신라왕릉은 총 37기로, 연천에 위치한 경순왕릉을 제외하면 36기가 경주에 있다. 이 가운데 비석의 이수와 비편 등의 금석문을 통해 ▶무열왕릉 ▶흥덕왕릉은 무덤 주인이 명확한 왕릉으로 인정받고 있다. 또한, 문헌에 기록된 장지 기록과 신라왕릉의 발전 과정 등의 교차 분석을 통해 확인된 ▶선덕여왕릉 ▶문무왕릉 ▶성덕왕릉 ▶원성왕릉 등도 여기에 포함된다. 이밖에 다른 왕릉들은 근거가 명확하지 않거나 전칭왕릉의 범주를 벗어나기 어렵다. 이유는 신라가 망한 뒤 관리의 부재 속에 사실상 방치되다가, 자연스럽게 실전(失傳)되는 수순을 밟았기 때문이다.

『세종실록지리지』를 보면, 당시 경주에 혁거세의 능과 각간묘가 있다고 언급되어 있다. 하지만 『신증동국여지승람』에서는 ▶혁거세릉 ▶미추왕릉 ▶법흥왕릉 ▶진흥왕릉 ▶선덕여왕릉 ▶무열왕릉 ▶효소왕릉 ▶성덕왕릉 ▶헌덕왕릉 ▶흥덕왕릉 등 총 10기의 왕릉이 거론되었다.

『정조실록』을 보면 1792년(정조 16) 4월 7일, 예조의 이만수가 보고하기를 '당시 신라왕릉 중 표식이 있는 것은 태종무열왕릉이 유일했으며, 나머지는 하나의 표식도 없었다'고 한다. 또한, 기존에 알려진 왕릉 역시 촌노인들의 증언과 고을 아전의 구전(口傳)에 의한 것이라는 점, 과거 48왕릉이 있었으나 지금은 28왕릉만이 남아 있고, 이 역시 확실하지 않다고 보고했다.[29]

『일성록』에서도 1792년 3월 2일, 숭덕전(崇德殿)을 치제하는 길에 경주 지역 신라왕릉에 대한 봉심(奉審)[30]을 하게 했는데, 이때 확인되는 신라왕릉 역시 28기다.[31 32] 또한 『영조실록』에는 경순왕릉의 발견 기사가 남아 있으며, 1845년(헌종 11)에 간행된 『동경잡기』 능묘조에는 총 32기의 신라

왕릉이 언급되는데, 이 중 진성(여)왕릉이 양산군(梁山郡) 황산역(黃山驛)에 있다고 적혀 있다.[33]

표 11. 기록 속 신라왕릉

	「세종실록지리지」	「신증동국여지승람」	「조선왕조실록」	「일성록」	「동경잡기」
경주	1	10	28	28	31
경주 이외	–	–	1 (경순왕릉)	–	1 (진성여왕릉)

조선 후기에 접어들수록 신라왕릉의 비정이 늘어나는 현상에 대해 이 근직(2012)은 '족보 문화의 성행과 종중으로 대표되는 동족집단의 등장이 영향을 미쳤으며, 그 결과 능묘에 대한 무리한 비정으로 나타났다.'는 견해를 밝히기도 했다.[34] 당시에도 왕릉 비정에 문제가 있다는 인식이 있었는데, 화계 유의건은 「나릉진안설」을 통해 '왕릉의 위치를 비정하는 데 문자 기록에 근거하지 않고, 무지한 촌노인의 말에 의존했다'며 비판했다. 경주를 찾았던 김정희 역시 「신라진흥왕릉고」를 통해 '진흥왕릉은 선도산 고분군이 아닌 서악동 고분군에서 찾아야 한다'고 주장한 바 있다.

따라서 현재 알려진 신라왕릉은 무덤 주인이 명확하게 밝혀진 몇 곳을 제외하면, 대부분 전칭왕릉의 성격을 띠고 있음을 이해해야 한다. 물론 전칭왕릉이라고 해서 의미가 없는 것은 아니다. 고고학 성과와는 차이가 있지만, 그럼에도 상징성의 측면에서 몇백 년간 이어져 왔기에 이 부분을 감안할 필요가 있다.

2장

신라
상대

오릉(五陵)

신라 건국의 시조, 혁거세거서간(赫居世居西干)

경주 오릉

『조선고적도보』에 실린 오릉 ⓒ국립문화재연구원
문화유산연구지식포털

신라는 기원전 57년[35]에 건국됐는데, 건국의 시조인 혁거세(赫居世)의 탄생 설화가 전해지는 곳이 경주 나정(蘿井)이므로 나정설화라고 불린다.

나정 설화를 상징하는 조형물 ⓒ김환대

이는 『삼국사기』와 『삼국유사』에 기록되어 있으며, 시조 혁거세가 나정(蘿井) 숲에서 탄생한 것으로 묘사된다. 이야기는 고허촌의 촌장 소벌공(蘇伐公)이 나정 옆 숲에서 기이한 광경을 목격하는 장면으로 시작한다. 말이 무릎을 꿇고 앉아 울고 있었는데, 소벌공이 다가갔을 때는 커다란 알만 남아 있었다. 그리고 그 알에서 태어난 아이가 혁거세인 것이다.[36]

혁거세 거서간 ⓒ김환대

신라는 진한(辰韓)[37]에서 시작되었다. 한원(翰苑)[38]에 인용된 『괄지지』에 따르면 신라는 금성(金城, 서라벌)을 도읍으로 하는데, 본래 삼한(三韓)[39]의 옛 땅이라고 했다.[40] 당시 경주에는 사로국(斯盧國)[41]이 있었는데, 이곳에서 조선(朝鮮)의 유민들이 육부를 이루며 살고 있었다. 육부는 ▶알천(閼川)의 양산촌(楊山村)[42] ▶돌산(突山)의 고허촌(高墟村) ▶취산(觜山)의 진지촌(珍支村)·간진촌(干珍村) ▶무산(茂山)의 대수촌(大樹村) ▶금산(金山)의 가리촌(加利村)[43] ▶명활산(明活山)[44]의 고야촌(高耶村) 등이다.

육부전

경주 표암과 광림대 석혈. 경주 이씨의 시조인 이알평의 탄생지로. 신라 육부 중 알천양산촌의 위치로 추정된다.

익산 쌍릉. 백제 무왕과 그 왕비의 능으로, 한때 위만에게 쫓겨난 준왕(고조선)의 능으로 전승되었다. 준왕은 익산 지역으로 내려와 마한(馬韓)을 건국했다고 한다.

『삼국유사』에는 신모(神母)[45]가 혁거세의 어머니로 등장하는데, 김부식이 송나라를 방문했을 때 우신관(佑神館)에 있던 신모의 상을 봤다고 한다. 당시 관반학사(館伴學士) 왕보(王黼)가 말하기를, '신모는 중국 황제의 딸로 진한으로 건너가 아들을 낳았는데, 그가 해동의 시조가 되었다.'고 한다.[46] 여기서 해동의 시조는 혁거세를 이야기하는 것이다. 또한, 송나라 사신 왕양(王襄)이 고려에 왔을 때 동신성모(東神聖母) 제사를 지냈다고 한다.[47] 이처럼 혁거세의 탄생설화와 성모설화는, 원주민이자 토착세력으로 상징되는 육부와 이주민의 성격을 지닌 혁거세 집단이 결합함으로써 신라가 건국되었음을 보여준다.

한편 이 같은 탄생을 기이하게 여긴 육부촌장은 혁거세를 데려다 길렀다. 이후 13살이 되던 해에 임금[48]으로 세우고 신라를 건국했다고 전한다. 당시 신라의 국호는 서라벌(徐羅伐)로, 기원전 53년 알영이 탄생했고, 이후 혁거세는 알영부인을 왕비로 삼았다. 혁거세의 재위 기간에서 가장 눈에 띄는 내용은 마한왕과의 갈등이다. 혁거세는 호공을 마한왕[49][50]에게 보내 예방하게 했는데, 공물을 보내지 않았다는 이유로 핍박당했다. 이 듬해 마한왕이 죽자 핍박을 기억하고 있던 신하들이 마한을 칠 것을 주장했지만, 혁거세는 다른 이의 재난을 다행이라 여기는 것은 어질지 못한 짓이라며 받아들이지 않고, 오히려 사신을 보내 조문했다.

혁거세는 재위 61년이 되는 4년에 세상을 떠났다. 『삼국유사』에는 왕의 유체가 하늘로 올라갔다가 흩어졌고, 이에 국인들이 유체를 수습해 장사를 지내려고 했지만 큰 뱀이 쫓아다니며 방해하는 바람에 결국 따로 지냈다고 적혀 있다. 그렇게 만들어진 오릉(五陵)은 사릉(蛇陵)으로도 불렸다. 기록에서 『삼국사기』는 담암사(曇巖寺) 북쪽, 『삼국유사』는 담엄사(曇嚴寺) 북릉에 있다고 했다.[51]

알에서 태어난 건국 시조, 난생설화[52]

우리 역사의 건국 시조들에게서 공통적으로 확인되는 특징 중에는 난생설화(卵生說話)가 있다. 사람은 당연히 알에서 태어날 수 없기에 설화의 관점에서 해석해야 하므로, 액면 그대로 믿는 것은 곤란하다. 난생설화에 담긴 의미와 숨은 복선을 이해한다면 당시의 시대상을 이해하는 데 많은 도움이 된다. 그렇다면 우리 시조들에게서는 왜 난생설화가 공통적으로 나타나는 것일까?

난생설화는 지역을 불문하고 고르게 나타나는 양상을 보인다. 대표적으로 ▶고구려 건국의 시조 추모왕(鄒牟王) ▶신라 건국의 시조 혁거세(赫居

김해 구지봉. 하늘에서 황금상자에 닮긴 여섯 개의 알이 내려왔다고 한다.

구지봉 고인돌, 석봉 한호가 쓴 것으로 전해지는 구지봉석(龜旨峯石)이 새겨져 있다

世) ▶가야 건국의 시조 수로왕(首露王) ▶신라 탈해이사금(脫解尼師今)의 이야기가 있다. 여기에 알에서 태어난 건 아니지만, 신라 김알지가 금 궤짝에서 태어났다는 유사한 형태의 탄생설화를 가지고 있다.

난생설화는 시조들의 권위를 높이기 위한 장치로, 일종의 영웅적인 서사시다. 시조의 탄생과 알이 연결되어 있고, 원주민과 이주민의 결합으로 나라가 건국되었다는 공통점을 보인다. 『삼국사기』에서 탈해이사금은 다파니국(多婆那國) 출신으로 왕비가 낳은 알을 배에 실어 바다로 보냈는데, 배가 금관국(金官國, 금관가야)을 거쳐 아진포(阿珍浦)에 도착했다고 한다.

이후 탈해는 남해차차웅의 사위가 되었고, 왕위를 두고 경쟁했던 유리이사금이 세상을 떠난 뒤 왕이 되었다. 탈해이사금의 경우, 배를 타고 왔다는 점에서 북방이 아닌 남방 계통의 이주 세력으로 추정된다.

탈해이사금의 재위 기간 중 계림 숲에서 탄생한 김알지 설화도 주목된

석탈해왕 탄강유허지   경주 계림

다. 김알지 설화의 주요 내용은 계림(鷄林, 시림) 숲에서 닭이 우는 소리가 들려 탈해이사금이 호공을 보내 알아보게 했는데, 나무에 금 궤짝이 걸려 있고 그 아래 흰 닭이 울고 있었다고 한다. 이는 조속(趙涑)이 그린 금계도(金櫃圖, 1636)에도 잘 묘사되어 있다. 김알지는 금 궤짝 안에서 탄생했는데, 후술할 문무왕릉비에서 알 수 있듯 김알지 역시 이주 세력일 가능성이 높다.

한편 추모왕 설화에서도 주몽이 이주 세력인 것을 알 수 있다. 추모왕 설화의 주요 내용은 이렇다. 동부여(東扶餘)의 왕인 금와(金蛙)가 유화부인을 만났는데, 유화부인은 자신이 하백(河伯)의 딸이며, 태백산 남쪽 우발수(優渤水)에서 귀양 중이라고 했다. 자칭 천제의 아들 해모수와 정을 통한 뒤 부모에 의해 쫓겨났다는 것이다.

이후 금와를 따라 부여로 간 유화부인은 햇빛이 따라다니는 신비한 현상을 겪은 뒤 알을 낳았고, 알에서 태어난 사내아이가 바로 주몽(朱蒙)이었다. 대소(帶素)를 비롯한 왕자들이 시기와 질투를 느껴 주몽을 죽이려 음모를 꾸미자, 주몽은 부여를 탈출해 동남쪽으로 길을 나섰다. 엄시수(淹㴲水)에 이르렀을 때 길이 막혔고, 주몽은 강을 향해 큰소리로 외쳤다. 그러자 물고기와 자라가 다리를 만들어 주었고, 덕분에 강을 건널 수 있었으며, 이후 졸본(卒本)

무용총 벽화 중 수렵도. 고구려를 건국한 주몽은 활을 잘 쏘았다고 한다.

에 이르러 고구려를 건국했다는 내용이다.

　그런데 추모왕 설화는 부여 건국의 시조인 동명왕(東明王, 동명성왕) 설화와 놀랍도록 유사한데, 전개와 과정 및 결과까지 하나의 이야기로 봐도 무방할 정도다. 동명왕 설화의 요지는 색리국(索離國)[53]의 왕이 출행했을 때 여종이 임신했는데, 하늘에서 큰 달걀 같은 기운이 왔다고 한다. 이후 여종은 남자아이를 낳았고, 그 아이가 바로 동명(東明)이었다. 동명은 활을 잘 쏘았는데, 그가 성장함에 따라 위기감을 느낀 왕이 동명을 죽이려 했다. 왕을 피해 남쪽으로 달아난 동명은 강에 도착하게 되었고, 활로 물을 쳤다. 그러자 물고기와 자라가 올라와 다리를 만들어 강을 무사히 건널 수 있었으며, 이후 부여를 건국했다는 내용이다.

　두 이야기의 공통점은 ▶햇빛 같은 것이 비추어 임신했다는 점 ▶알(아이)을 버렸을 때 짐승의 보호를 받은 점 ▶활을 잘 쏘았다는 점 ▶왕자(색리국의 왕)들의 시기와 질투를 피해 도망간 점 ▶강을 건널 때 자라와 물고기의 도움을 받은 점 등이다. 이처럼 추모왕 설화는 사실상 동명왕 설화를 그대로 가져온 것과 다름없으며, 유득공은 『고운당필기』를 통해 '동명'과 '주몽'을 합쳐 한 사람으로 만든 결과 부여에 '동명'이 있는 줄 모른다고 비판했다.[54] 실제 『광개토대왕릉비』나 『모두루묘지명』 등을 보면 주몽을 추모왕(鄒牟王) 혹은 추모성왕(鄒牟聖王) 등으로 표기하고 있어, 당대에도 동명왕과 추모왕이 서로 다른 존재임을 인지하고 있었다는 것을 알 수 있다.

그렇다면 왜 이런 현상이 벌어졌던 것일까? 이는 우리 고대사에서 부여가 가지는 위상과 관련 있다. 부여는 한국사에 있어 중요한 국가로, 고구려와 백제의 뿌리였다. 특히 백제의 경우 부여에 대한 출자의식을 강조했다. 당장 백제 왕족의 성씨부터 '부여씨'였고, 성왕 때는 국호를 남부여(南夫餘)로 바꿀 정도였다. 이는 고구려 역시 예외가 아니었다. 고구려와 백제가 경쟁하던 시절이었으므로, 부여에 대한 출자의식을 강조하기 위해 동명왕 설화를 추모왕 설화로 윤색했을 것으로 추정된다.

또한, 설화 속 동명왕과 추모왕은 이주 세력을 상징한다. 동명왕의 경우 색리국을 떠나 부여를, 추모왕은 부여를 떠나 고구려를 건국했다. 추모왕은 졸본에 도착한 뒤 나라를 건국했는데, 지금의 환인(桓仁) 지역인 오녀산성(五女山城)이 고구려의 첫 도

광개토대왕릉비(복제)

서울 석촌동 고분군 중 3호분, 고구려
와 동일한 적석총이다.

중국 지안시에 있는 장군총, 광개토대왕 혹은 장수왕의 능
으로 추정되며, 무덤 양식은 적석총이다. ⓒ홍지선

읍지였다. 설화 속에서 주몽은 오이(烏伊)·마리(摩離)·협보(陜父)·재사(再思)·무골(武骨)·묵거(黙居)의 도움을 받아 나라를 건국한 것으로 기록되어 있다.

또 다른 설로는 졸본에는 이미 졸본부여(卒本扶餘)로 불리는 토착 세력이 있었고, 주몽이 그 왕의 사위가 되었다는 이야기가 있다. 이 경우 이주 세력인 주몽과 토착 세력인 졸본부여의 결합으로 고구려가 건국되었다고 볼 수 있다.

이러한 사례는 신라 혁거세와 가야 수로왕의 난생설화에서도 공통적으로 확인되는데, 나정설화를 보면 토착 세력을 상징하는 육부(六部)가 조선(朝鮮)의 유민으로 등장한다. 『삼국지』 「위서」 「동이전」에는 진한의 언어가 마한과 같지 않다고 적혀 있어, 나정설화는 알로 표현된 혁거세 집단과 육부로 대표되는 토착 세력이 결합했음을 보여준다.

『가락국기』에 기록된 구지봉 설화 역시 이와 유사하다. 신라 육부처럼 가야에도 구간(九干)으로 대표되는 토착 세력이 있었다. 구지봉 설화는 하늘에서 금상자가 내려오는 것으로 시작한다. 상자 안에는 황금알 여섯 개가 있었는데, 12일 후 여섯 개의 알은 사내아이로 변했다. 이 가운데 가장 먼저 태어난 아이 수로(首露)가 가야를 건국했다. 이처럼 육부와 구간으로 대표되는 토착 세력과 알에서 태어난 것으로 묘사되는 혁거세, 수로왕은 이주 세력을 상징한다는 공통점이 있다. 그렇기에 알에서 태어난 건국 시조들의 설화는 고구려와 신라, 가야가 이주 세력과 토착 세력의 결합으로 건국되었음을 말해주고 있다.

우리는 한민족이라는 말을 자주 접하게 된다. 한민족의 자랑이라든가, 한민족의 DNA 등, 해당 단어를 긍정적으로 인식하는 경향이 크다. 그러나 한민족과 반대 의미인 다민족, 다문화를 떠올리면 부정적인 인식이 강하다는 것을 느낄 수 있다. 이 같은 인식은 보통 차별로 나타나는데, 가령 이주민을 대하는 우리의 자세가 그렇다.

김해 수로왕릉

어느 시기부터 우리 사회가 다문화로 접어들었다는 시그널이 전해지고 있다. 하지만 이주민을 대하는 우리의 모습에서는 차별을 넘어, 심한 경우 혐오까지 느껴진다. 이러한 혐오와 차별은 배척으로 이어지고, 결과적으로 우리 사회의 통합을 저해하는 요소가 된다. 앞서 살펴본 바와 같이 시조들이 나라를 건국할 수 있었던 것은 이주 세력이지만 배척당하지 않고, 해당 사회의 주류가 될 수 있었기 때문이다. 피부 색깔이나 출신이 아닌, 보유하고 있는 능력의 값어치가 더 중요한 핵심 조건이었다. 다문화를 두고 벌어지는 오늘날의 현상과 비교하면, 시조들의 난생설화는 우리가 배워야 할 역사의 교훈과 마찬가지다.

혁거세의 탄생지인 경주 나정

경주 나정(蘿井)은 경상북도 경주시 탑동 700-1번지로, 혁거세의 탄생지다. 발굴 조사를 통해 우물이 있던 자리, 팔각건물지의 흔적, 나정 주변으로 청동기 시대의 주거지 등이 확인되었다. 나정은 남해차차웅 때 시조묘(始祖廟)로 조성되었다.[55] 역대 왕들의 시조묘에 제사를 지낸 기록

경주 나정

나정비

은 어렵지 않게 찾을 수 있으며, 487년(소지마립간 9) 2월에는 내을(奈乙)[56]에 신궁(神宮)을 설치했다. 이를 통해 나정 일대를 신성하게 여겼음을 알 수 있다. 한편 1803년(순조 3)에는 박혁거세의 탄생지임을 알리는 나정비를 세웠다.

선도산과 성모설화

『신증동국여지승람』을 보면, 성모사(聖母祠)가 서악(西嶽)의 선도산에 있다고 했다. 성모는 혁거세의 어머니로 사소(娑蘇) 혹은 신모(神母) 등으로 불렸다. 현 선도산 서악동 마애여래삼존입상 옆에 자리한 성모사는 사소의 사당으로, 뒤쪽 바위에는 성모구기(聖母舊基) 각자가 새겨져 있다. 언제 새겨진 것인지는 알 수 없으나 이곳이 성모와 관련 있는 장소임을 보여준다. 이밖에 성모사에서 350m 떨어진 봉우리에 성모유허지가 있는

서악동 마애여래삼존입상과 성모사

성모구기(聖母舊基) 각자와 성모사(聖母祠)

성모유허비

성모유허지에서 바라본 경주

데, 관련 장소임을 알리는 비석이 있다.

선도산은 서연산(西鳶山)으로도 불렸다. 사소의 아버지가 사소에게 솔개를 따라가다가 머무르는 곳에 집을 지으라고 편지했기 때문이다. 이에 사소가 솔개를 날렸고, 솔개가 멈춘 곳이 선도산이었기에 솔개 연(鳶)을 쓴 것이다. 이후 사소는 선도산의 지선(地仙)이 되었다고 하며, 경명왕 때 성모를 대왕(大王)으로 봉한 기록이 있다.[57]

알영부인

알영부인(閼英夫人)은 혁거세의 왕
비로, 알영정(閼英井)에서 태어났다
고 전해진다. 알영정의 위치는 사량
리(沙梁里)로, 『동경잡기』에서는 부의
남쪽 5리에 있다고 했다. 알영의 탄
생 역시 정천신앙(井泉信仰)[58]의 요소
가 있기에 이를 감안해서 봐야 하는
데, 『삼국사기』에서는 우물에 나타난
용의 오른쪽 옆구리에서 탄생했다고
한다.[59] 알영이라는 이름도 태어난
우물에서 유래된 것이다. 알영은 닭
의 부리처럼 생긴 입술을 가지고 태

신라시조왕비탄강유지비(新羅始祖王妃誕降
遺址碑)

어났는데, 월성(月城)의 북쪽 시내에서 목욕을 한 뒤 부리가 떨어졌고, 이
에 목욕했던 시내의 이름을 발천(撥川)이라 불렀다고 한다.[60]

이후 알영의 행적에 관한 기록은 『삼국사기』와 『삼국유사』가 서로 다
르다. 『삼국사기』의 경우 노파의 손에 거두어져 자라났고, 이후 혁거세

알영정(閼英井)과 우물

에 의해 왕비가 되었다고 한다. 반면 『삼국유사』의 경우 혁거세와 함께 육부촌장들에게 길러지다 시간이 흐르고 혁거세가 임금이 되면서 알영부인은 왕비가 되었다고 한다.[61] 알영부인은 혁거세와 함께 성인으로 불렸는데, 탄생지로 전해지는 알영정은 현 오릉 경내에 있다. 우물 옆에는 1931년에 건립된 신라시조왕비탄강유지비(新羅始祖王妃誕降遺址碑)가 세워져 있다.

남해차차웅

남해차차웅(南解次次雄, 재위 4~24)은 혁거세의 큰아들로 어머니는 알영부인, 왕비는 운제부인(雲梯夫人)이다. 혁거세의 뒤를 이어 4년에 임금[62]이 되었으며,[63] 즉위 후 시조묘를 세웠다. 이 무렵 탈해(脫解)의 어진 성품에 대한 소문을 듣고 자신의 큰딸을 시집보냈고, 탈해를 대보(大輔)[64]로 삼았다. 탈해는 왕의 사위가 되어, 이후 석씨계로는 최초로 왕위에 오르기도 했다.

남해차차웅의 재위 기간 중 여러 번의 외침이 있었는데, 4년에는 낙랑(樂浪)의 군사들이 쳐들어와 서라벌을 포위했다. 14년에는 왜인이 병선 1백여 척의 규모로 쳐들어왔으며, 낙랑이 재침하여 위기를 겪기도 했다. 한편 19년에는 북명(北溟)[65] 사람이 밭을 갈다가 예왕(濊王)의 도장을 주워서 바쳤다고 한다. 그렇게 재위 20년이 되던 24년에 남해차차웅은 세상을 떠났다. 장지는 사릉원(蛇陵園)이다.

유리이사금

유리이사금(儒理尼師今, 재위 24~57)은 남해차차웅의 태자로, 어머니는 운제부인(雲梯夫人)이다. 남해차차웅이 세상을 떠난 뒤 태자였던 유리는 덕망이 높았던 탈해(脫解)에게 왕위를 양보하려고 했다. 하지만 탈해는 지혜로운 사람은 나이가 많으니, 연장자가 왕위에 오르는 것이 좋겠다고 하였다. 그러므로 떡을 깨물어 잇자국이 많이 난 사람이 왕이 될 것을 제안했다.

그 결과 유리가 왕위에 오르게 되었다. 이때부터 왕호는 기존의 차차웅에서 이사금(尼師今)으로 바뀌었는데, 이사금은 잇자국 혹은 연장자를 뜻한다. 이러한 양보와 달리 유리와 탈해가 임금의 자리를 두고 경쟁했다고 보는 시각도 있는데, 이 경우라면 이주민인 데다 신참자라는 정치적 한계가 있었던 탈해가 정통성과 명분에서 우위를 점했던 유리에게 밀려난 것으로 해석할 수 있다.

유리이사금은 기존 육부의 이름을 고친 뒤 성을 하사했으며, 관직을 정비해 17등급을 두었다. 또한 나라 안의 과부와 고아 등을 위문하고, 양식을 나누어준 결과 백성들의 생활이 편안하고 즐거워졌다고 한다.

표 12. 17관등의 제정

등급	관직명	등급	관직명
1	이벌찬(伊伐飡)	10	대나마(大奈麻)
2	이척찬(伊尺飡)	11	나마(奈麻)
3	잡찬(迊飡)	12	대사(大舍)
4	파진찬(波珍飡)	13	소사(小舍)
5	대아찬(大阿飡)	14	길사(吉士)
6	아찬(阿飡)	15	대오(大烏)
7	일길찬(一吉飡)	16	소오(小烏)
8	사찬(沙飡)	17	조위(造位)
9	급벌찬(級伐飡)		

표 13. 육부의 이름 변천

변경 전	변경 후	성씨
양산부(楊山部)	양부(梁部)	이(李)씨
고허부(高墟部)	사량부(沙梁部)	최(崔)씨
대수부(大樹部)	점량부(漸梁部), 모량(牟梁)	손(孫)씨
간진부(干珍部)	본피부(本彼部)	정(鄭)씨
가리부(加利部)	한기부(漢祈部)	배(裴)씨
명활부(明活部)	습비부(習比部)	설(薛)씨

이때 도솔가(兜率歌)가 지어졌는데, 가악(歌樂)의 시초였다고 한다.

이 밖에 육부 관련 행사인 가배(嘉俳)[66]가 있었다. 또한, 37년에는 고구려의 대무신왕(大武神王)이 낙랑을 멸망시켜 5천 명이 신라로 투항했고, 이에 육부에 고르게 정착하게 했다. 40년 9월에는 화려현(華麗縣)[67]과 불내현(不耐縣)[68]이 연합해 북쪽 국경을 침범했는데, 이때 도와준 맥국(貊國)[69]과 친교를 맺었다. 그렇게 왕위를 이어가던 유리이사금은 57년에 세상을 떠났다. 장지는 사릉원(蛇陵園)으로, 죽기 전 탈해가 왕위에 오르도록 유언을 남겼다.

화성 당성에서 출토된 본피모(本彼謀)가 새겨진 기와. 신라 육부 중 하나인 본피부(本彼部)가 화성 당성의 축조에 관여했음을 보여준다.

파사이사금

파사이사금(婆娑尼師今, 재위 80~112)은 유리왕의 차남[70]이며, 왕비는 사성부인(史省夫人)으로 갈문왕 허루(許婁)의 딸이다. 탈해이사금이 세상을 떠난 뒤, 당시 태자였던 일성의 위엄과 현명함이 파사에 미치지 못했기에 일성을 제치고 왕위에 올랐다고 한다.

파사이사금은 재위 기간 중 농사와 양잠을 권장했으며, 외부의 침략을 대비해 가소성(加召城)과 마두성(馬頭城)을 쌓아 방비했다. 101년에는 새로운 성과 궁궐을 쌓았는데, 바로 현 월성(月城, 반월성)이다. 이듬해 신라에 이웃한 음즙벌국(音汁伐國)[71]과 실직곡국(悉直谷國)[72] 사이에서 국경 분쟁이 일어나자 파사이사금에게 해결을 의뢰했고, 이에 금관국(金官國)의 수로왕(首露王)을 초청하는 형식으로 자문을 구했다. 그 결과 문제가 된 땅은 음즙벌국으로 귀속되었다.

실직군왕릉. 실직(悉直)은 현 삼척이다.

수로왕을 위해 육부가 연회를 열었는데, 다른 부(部)들은 이찬(伊湌)을 연회에 보낸 반면 한기부(漢祇部)는 한참 낮은 직위의 인물을 파견했다. 이에 대노한 수로왕은 종 탐하리(耽下里)를 시켜, 한기부의 우두머리인 보제(保齊)를 죽게 한 뒤 돌아갔다. 이후 탐하리는 음즙벌국의 지도자인 타추간(陀鄒干)에게 도망갔고, 파사이사금은 타추간에게 탐하리의 소환을 요구했다. 타추간이 이를 거절하자 분노한 파사이사금은 군사를 일으켰다. 놀란 타추간은 항복했고, 이 사실이 알려지자 실직(悉直)과 압독(押督)이 연이어 항복했다.

108년에는 비지국(比只國)[73], 다벌국(多伐國)[74], 초팔국(草八國)[75]을 정벌하여 병합했는데, 이는 신라의 영향력이 확대되고 있음을 보여준다. 파사이사금은 112년에 세상을 떠났다. 장지는 사릉원(蛇陵園)으로, 맏아들인 지마이사금(祇摩尼師今)이 왕위를 계승했다.

새로운 궁궐의 조성, 경주 월성

신라의 왕성이자 궁궐인 경주 월성은 파사왕 때인 101년에 쌓았다. 그런데 월성으로 옮기기 전 혁거세 시기에 조성된 궁궐을 『삼국유사』는 창

경주 월성. 복원된 해자의 모습을 볼 수 있다.

경주 월성 모형도

신라 최초의 궁궐이 있었던 것으로 추정되는 창림사지   창림사지 쌍귀부

림사(昌林寺)라고 밝히고 있
다.[76] 창림사지는 경상북도 경
주시 배동 산6-1번지로, 나정
에서 멀지 않은 남산의 서쪽
기슭에 있다. 발굴 조사를 통
해 창림사가 새겨진 명문 기와
가 출토되어 위치는 고증되었
지만 언제 창건된 것인지는 알
수 없다. 이밖에 창림사지에는
김생(金生, 711~?)이 썼다고 전
하는 창림사비가 있었는데, 지
금은 쌍귀부만 남아 있다. 또
한 과거 이곳이 사찰이었음을
보여주는 창림사지 삼층석탑
이 있다.

창림사지 삼층석탑

오릉의 장지 기록

오릉(五陵)은 경상북도 경주시 탑동 67−1번지로, ▶혁거세거서간 ▶알영부인 ▶남해차차웅 ▶유리이사금 ▶파사이사금의 능으로 알려졌다. 이와는 다른 견해도 있는데, 오릉은 애초 혁거세의 능으로 인식되었다. 『삼국사기』를 보면 박혁거세가 세상을 떠난 뒤 하늘로 올라간 유해가 오체로 흩어졌고, 이후 유해를 한곳으로 모아 장례를 치르려 했으나 큰 뱀의 방해로 각각 매장했기에 오릉으로 불렸다고 한다.

『세종실록지리지』를 보면 운암사(雲岩寺) 북쪽에 혁거세의 능이 있다고 했는데, 지금의 오릉을 이야기한 것으로 추정된다. 또한 '『삼국사기』＝담암사(曇巖寺) 북쪽'과 '『삼국유사』＝담엄사(曇嚴寺) 북릉'의 방향과 일치하고 있어, 과거 담암사, 혹은 담엄사로 불리다가 일정 시간이 흐른 뒤 운암사

숭덕전(崇德殿), 혁거세의 사당이다.

표 14. 경주 오릉

경주 오릉 1호분

| 2호분 | 3호분 |
| 4호분 | 5호분 |

숭덕전 하마비. 후면에 한글로 숭덕뎐이 새겨져 있다.

로 바뀌었을 가능성도 있다.

　따라서 오릉은 조선 초기만 해도 혁거세의 능으로 인식된 것으로 보이
는데, 현재는 4명의 왕과 1명의 왕비가 묻힌 것으로 알려져 시기마다 오
릉을 바라보는 인식이 달랐음을 알 수 있다. ▶남해차차웅 ▶유리이사금
▶파사이사금의 공통된 장지 사릉원(蛇陵園)을 혁거세의 장지 사릉과 같은
장소로 인식했기 때문이다. 하지만 이러한 전승과는 별개로 오릉이 누구
의 무덤인지에 대해서는 이견이 있다. 이근직(2012)은 오릉을 적석목관분
으로 추정했다. 적석목관분이 맞을 경우, 해당 시기의 무덤 양식인 목관
묘(木棺墓)와는 차이가 있기에 진위와 관련한 논란이 발생할 수밖에 없다.
이 부분은 오릉의 무덤 양식과 출토 유물 분석을 통해 보다 명확한 진위
여부가 밝혀질 것으로 판단된다.

탈해왕릉

석탈해왕 탄강유허지와 유허비

탈해이사금(脫解尼師今, 재위 57~80)은 석씨계로는 처음 왕위에 오른 인물로, 기록으로 확인되는 이주민이다. 출신지는 다파나국(多婆那國), 완하국(琓夏國), 용성국(龍城國)[77]등 기록에 따라 다르게 표기되어 있다. 『삼국사기』에 기록된 탈해의 탄생 설화를 보면 임신한 왕비가 알을 낳자, 이를 괴이쩍게 생각한 왕이 상서롭지 못하다 여겨 알을 궤짝에 넣고 배에 실어 바다로 보냈다. 이후 알을 실은 배는 금관가야를 지나 계림의 동쪽 하서지촌(下西知村) 아진포(阿珍浦)에 도착했다.[78]

알에서 태어난 탈해는 노파의 손에 키워졌고, 배에 까치들이 울며 따라왔다 하여 까치 작(鵲)

석탈해왕 탄강유허지 하마비

경주 탈해왕릉

『조선고적도보』에 실린 탈해왕릉 ⓒ국립문화재연구원 문화
유산연구지식포털

에서 새 조(鳥)를 제외한 석(昔)을 성씨로 삼았다. 노파의 양육 아래 성장
한 탈해를 눈여겨본 남해차차웅은 탈해를 대보(大輔)로 삼고, 딸 아효부
인(阿孝夫人)[79]을 시집보내 사위로 삼았다. 이 혼인을 통해 탈해는 왕실의
일원으로 편입되는데, 훗날 성씨가 다름에도 왕위에 오를 수 있었던 이
유가 여기에 있다. 이후 성씨가 달랐음에도 왕위에 오른 이들의 공통점
은 왕실의 사위였다. 이는 권력을 공유할 수 있는 집단의 편입 기준에 사
위가 포함되었음을 보여준다.

한편 남해차차웅이 세상을 떠난 뒤, 태자 유리는 덕망이 있던 탈해에
게 왕위를 양보하고자 했다. 하지만 탈해는 떡을 깨물어 잇자국이 많이
나는 사람이 왕위에 오르자고 제안했고, 그 결과 유리가 왕위에 올랐다.
이후 탈해에게도 기회가 왔다. 57년에 유리이사금이 세상을 떠났는데,
유리이사금은 자신에게 두 아들이 있음에도 탈해가 왕위를 잇도록 했다.
그렇게 왕위에 오른 탈해이사금은 자신과 대립 관계에 있던 호공(瓠公)을
대보(大輔)로 삼고, 대외적으로 세력을 확장하고 있던 백제를 견제했다.

숭신전(崇信殿),[80] 탈해의 사당이다.

한편 탈해이사금의 재위 기간에 중요한 일이 있었다. 바로 65년에 계림(鷄林)[81]에서 김알지가 탄생한 것이다. 이 무렵 국호가 계림으로 바뀌었는데, 이 역시 김알지의 탄생 설화와 관련이 있다.

재위 기간을 이어가던 탈해이사금은 80년에 세상을 떠났고, 유리이사금의 둘째 아들인 파사이사금이 왕위에 올랐다. 앞서 본 것처럼 탈해는 기록으로 확인되는 이주민이다. 따지고 보면 백제 역시 부여 계통의 이주민 출신이 세웠고, 수로왕의 왕비인 허황옥(許黃玉) 역시 본인을 아유타국[82]의 공주로 소개하고 있어, 과거 사회가 이주민에 얼마나 우호적이었는지 알 수 있다. 이처럼 이주민이었음에도 남해차차웅의 사위가 되어 왕이 된 탈해의 사례는, 이주민을 대하는 우리의 현 모습을 되돌아보게 한다. 특히 외국인을 대할 때 인종과 나라의 국력을 기준 삼는 그릇된 인식, 다문화에 대한 혐오와 공포가 만연한 사회의 모습은 많은 생각을 하게 한다. 부디 탈해왕의 이야기가, 이주민을 바라보는 우리들의 시선에 대해 생각해보는 계기가 되기를 바란다.

탈해이사금의 장지 기록

탈해왕릉은 경상북도 경주시 동천동 산17번지로, 『삼국사기』에 기록된 장지 기록에는 성의 북쪽 양정(壤井) 언덕이라고 적혀 있다. 반면 『삼국유사』에서는 문무왕의 꿈에 탈해이사금이 나타나 자신의 왕릉을 파내, 뼈로 소상을 만들 것을 이야기했다는 기록이 있다.[83] 이때 소상을 토함산에 두라는 말에, 문무왕이 소천구(疏川丘)에 있던 탈해왕릉을 파내어 뼈를 모아 만든 소상을 토함산 사당에 모셨다는 것이 핵심이다. 실제 토함산에서 탈해의 사당으로 추정되는 흔적이 확인되기도 했기에, 탈해왕릉은 이미 오래전 사라졌다고 보는 것이 옳다.

—
토함산 탈해 사당 유적 ⓒ김환대

또한 과거 탈해왕릉은 도굴로 인해 무덤 내부가 확인된 바 있는데, 이때 확인된 무덤 양식은 석실분이었다. 이는 초기 신라의 무덤 양식인 목관묘와는 차이를 보이기에, 엄밀히 따지면 탈해왕릉이라 보기 어렵다. 다만 오래전부터 탈해왕릉으로 비정되어 온 데다, 문

토함산 탈해 사당 유적에서 출토된 토제마

중에 의해 제향도 이루어지고 있기에 상징적인 측면에서 주목해볼 만한 현장이다.

경주 계림과 김알지의 탄생설화

경주 계림

1803년에 세워진 계림비

경주 계림(鷄林)은 경상북도 경주시 교동 1번지로,
신라 김씨의 시조인 김알지의 탄생 설화가 전해
지는 곳이다. 설화의 주요 내용은 계림 숲에
서 닭이 우는 소리가 들려 탈해이사금이 호
공(瓠公)을 보내 살펴보게 했는데, 호공이 가
서 보니 나무에 금 궤짝이 걸려 있고 그 아래 흰
닭이 울고 있었다고 한다. 금 궤짝을 열어보니 사내아이가 있기에 탈해
이사금이 아이를 거두어 길렀다. 이름이 김알지인 이유도 금 궤짝에서
나왔다 하여 성씨를 김(金)이라 했고, 혁거세의 사례에 따라 알지(閼智)라
작명한 것이다.

『삼국유사』에는 탈해이사금이 김알지를 태자로 삼았으나, 정작 왕위는 파사이사금에게 양보한 것으로 기록되어 있다. 신라의 시조 가운데 유일하게 왕위에 오르지 못한 것이다.[84] 하지만 김알지의 7대손인 미추왕이 신라 김씨로는 최초로 왕위에 오른 데 이어, 내물왕의 즉위와 함께 신라 김씨는 세습 왕조를 구축하게 된다. 그 때문에 김알지가 탄생한 계림은 이후 박혁거세의 나정과 함께 성스러운 장소로 인식되었다. 현재 계림 숲에는 1803년(순조 3)에 세워진 계림비가 남아 있어, 김알지의 탄생 설화와 관련된 장소임을 알 수 있다.

03 지마왕릉(祇摩王陵)

경주 지마왕릉

지마이사금(祇摩尼師今, 재위 112~134)은 파사이사금과 사성부인(史省夫人)의 소생으로, 왕비는 애례부인(愛禮夫人)이다. 지마이사금의 재위 기간은 는 외침과 전쟁 관련 기록이 많은데, 115년에 가야를 정벌하기 위해 황산하(黃山河)[85]를 건너다 미리 매복해 있던 가야의 공격을 받고 퇴각했다. 이를 만회하고자 이듬해 장수를 보내 가야에 대한 공격을 재차 시도했으나, 완강한 저항과 날씨 문제가 겹치며 결국 실패로 끝났다.

121년에 왜인(倭人)이 동쪽 변경을 침략했는데, 이 무렵 왜의 침략은 신라에 있어 큰 문제였다. 당시 왜의 침략이 얼마나 잦았는지, 왜인이 쳐들어온다는 헛소문에 놀란 사람들이 산골짜기로 숨을 지경이었다. 125년에는 말갈이 북쪽 변경을 침입했고, 같은 해 7월에 또다시 말갈이 쳐들어오자 이번에는 백제의 도움을 받아 물리쳤다. 이처럼 지마이사금의 치세는 외부의 끊임없는 외침으로 점철된 시기였지만, 음질국(音質國)[86]과 압량국(押梁國)[87] 등의 주변 소국들을 정벌했다.[88] 134년, 지마이사금이 세상을 떠났다. 뒤를 이어 일성이사금(逸聖尼師今)이 왕위에 올랐다.

지마이사금의 장지 기록

지마왕릉(전면)

지마왕릉은 경상북도 경주시 배동 산30번지로, 장지 기록은 남아 있지 않다. 또한, 지마왕릉의 무덤 양식이 석실분일 가능성이 있는데, 이 경우 지마이사금이 살았던 시기의 무덤 양식과는 큰 차이가 있다. 따라서 현 위치를 지마왕릉으로 볼 수 있는지에 대한 논란이 있으며, 전칭왕릉 이상의 의미를 부여하기는 어려운 현장이다.

일성왕릉(逸聖王陵)

경주 일성왕릉

일성이사금(逸聖尼師今, 재위 134~154)은 아버지가 누구인지 기록마다 차이가 있는데, 『삼국사기』의 경우 유리이사금 혹은 일지갈문왕(日知葛文王)[89]의 아들이라고 한 반면, 『삼국유사』에서는 지마이사금의 아들로 기록되어 있다. 전자를 따르자면 일성이사금이 왕위에 올랐을 때 지나간 왕만 해도 4명이 되는 셈이기에, 이를 문맥 그대로 받아들이기는 어렵다. 따라서 후자의 기록처럼 지마왕의 아들일 가능성이 더 높다.

일성이사금의 재위 기간 때, 서라벌에 정사당(政事堂)을 설치해 국가의 정사를 논의하고 결정했다. 또한 농사의 중요성을 언급하며, 제방의 수리 및 밭과 들의 개간을 명하고, 민간의 금은주옥(金銀珠玉) 사용을 막아

일성왕릉의 호석

3단으로 된 축대 위에 봉분이 자리하고 있다.

사치를 금했다.[90] 146년 10월에는 압독(押督)에서의 반란을 진압했으며, 이밖에 박아도(朴阿道)[91]를 갈문왕[92]으로 봉했다. 그렇게 재위 기간을 이어 가던 일성이사금은 154년에 세상을 떠났고, 뒤를 이어 아들인 아달라이 사금(阿達羅尼師今)이 왕위에 올랐다.

일성이사금의 장지 기록

일성왕릉은 경상북도 경주시 탑동 산23번지로, 장지 기록은 남아 있지 않다. 때문에 진위 여부와 관련한 논란이 있다. 일성왕릉의 외형은 2단 석축 위에 자리한 원형봉토분으로, 능의 둘레에 호석으로 추정되는 괴석이 일부 돌출되어 있다. 다만 능에 대한 발굴 조사가 이루어지지 않았기에 자세한 정보는 알기 어렵다.

일성왕릉과 금강저수지

일성왕릉과 관련해 주목해볼 두 가지 견해가 있는데, 첫 번째는 현 일성왕릉을 경애왕릉으로 보는 것이다. 이는 『삼국사기』 경순왕 조에 언급된 경애왕의 장지 기록인 해목령(蟹目嶺)을 주목했기 때문이다. 이 경우 해목령 아래라는 지형적 특징을 고려했을 때, 현 일성왕릉을 경애왕릉으로 봐야 한다는 견해가 있다.

반면 일성왕릉을 효공왕릉(孝恭王陵)으로 봐야 한다는 견해도 있다. 이근직(2012)은 『삼국유사』 효공왕릉의 장지 기록에 등장하는 구지제(仇知堤)를 일성왕릉 앞에 있는 금강저수지로 비정했고, 이에 따라 구지제 옆 산허리에 해당하는 일성왕릉을 효공왕릉이라고 주장했다. 두 견해 모두 해당 고분이 일성왕릉은 아니지만, 신라왕릉으로 본다는 점은 동일하다. 향후 발굴 조사를 통해 무덤 양식과 출토 유물 등의 확인이 이루어진다면, 앞선 설의 진위 여부를 확인하는 데 도움이 될 것이다.

05   아달라왕릉(阿達羅王陵, 삼릉)

아달라이사금(阿達羅尼師今, 재위 154~184)은 일성이사금의 맏아들로 어머니는 지소례왕(支所禮王)의 딸이며, 왕비는 지마이사금의 딸인 내례부인(內禮夫人)이다. 아달라이사금의 재위 기간 중 계립령(雞立嶺)과 죽령(竹嶺)의 길을 열었다. 156년에 길을 연 계립령은 현 경상북도 문경시와 충청북도 충주시의 경계다. 또한 158년 3월에 개척한 죽령은 현 경상북도 영주시와 충청북도 단양군의 경계다.

이 무렵 백제와의 마찰이 많았는데, 165년 아찬 길선(吉宣)이 반란을 꾀

경주 배동 삼릉　　　　　　　　아달라왕릉

하다 실패해 백제로 도망하자 사신을 보내 송환을 요구했다. 하지만 백제가 이를 거부함으로써 분노한 아달라이사금은 군사를 일으켜 백제와 전투를 벌였다. 반대로 167년에는 백제가 신라의 서쪽 변경을 습격하여 두 성을 함락시키고, 백성 1천 명을 붙잡아 돌아갔다. 이에 맞대응하며 일길찬 흥선(興宣)의 2만 군사와 아달라이사금이 이끄는 8천 기병이 출병됐고, 백제가 잡아간 포로를 송환한 뒤 화친을 제의했다. 이밖에도 흥미로운 인물에 대한 기록이 있는데, 바로 왜의 여왕인 비미호(卑彌乎)[93]다.

　한편 아달라이사금은 172년에 구도(仇道)[94]를 파진찬으로, 구수혜(仇須

문경과 충주의 경계에 있는 계립령(雞立嶺)　　계립령 유허비

영주와 단양의 경계에 있는 죽령(竹嶺) 표석   죽령 옛길

夸)를 일길찬으로 삼았다. 그렇게 재위를 이어가던 아달라이사금은 184
년에 세상을 떠났고, 뒤를 이어 석씨계인 각간 구추(仇鄒)의 아들 벌휴이
사금(伐休尼師今, 재위 184~196)이 왕위에 올랐다. 의미심장한 부분은, 아달
라이사금을 끝으로 박씨는 신라 말에 신덕왕(神德王, 재위 912~917)이 즉위
하기까지 왕위에 오르지 못했다는 것과 아달라이사금의 왕비인 내례부인
이 벌휴이사금의 왕비, 내해이사금의 어머니로 등장하고 있다는 점이다.

아달라이사금의 장지 기록

아달라왕릉은 경상북도 경주시 배동 산73-1번지로, 서남산에 자리한
배동 삼릉 중 하나다. 삼릉의 무덤 주인은 ▶8대 아달라이사금 ▶53대 신
덕왕 ▶54대 경명왕의 능으로, 아달라이사금의 장지 기록은 남아 있지 않
다. 그런데 도굴로 인해 드러난 삼릉의 무덤 양식은 석실분으로, 아달라
이사금 때와는 차이가 있다. 또한, 아달라이사금과 신덕왕릉 간 728년의
시차를 두고 조성한 것 역시 이해하기 어려운 부분이다. 따라서 현 장소
를 아달라왕릉으로 보기에는 의문점이 많으며, 사실상 전칭왕릉 이상의

의미를 부여하기 어려운 곳이다.

06   미추왕릉(味鄒王陵)

미추이사금(味鄒尼師今, 재위 262~284)은 김알지의 7대손[95]으로, 이름은
미조(未祖) 혹은 미고(未古)다. 아버지는 구도(仇道)이며 왕비는 조분이사금
(助賁尼師今)의 딸이다. 탈해가 그러했듯 미추이사금 역시 석씨 왕가의 사
위가 되어 왕위에 오른 경우다. 첨해이사금(沾解尼師今)이 세상을 떠난 뒤,
미추이사금은 신라 김씨로는 최초로 왕위에 올랐다.

미추이사금은 재위 기간 중 아버지 구도를 갈문왕(葛文王)으로 추존하
고, 국조묘(國祖廟)를 참배한 뒤 죄수들을 방면했다. 266년에는 백제가 봉
산성(烽山城)을 공격했고, 278년과 283년에는 괴곡성(槐谷城)을 포위했으
나 방어에 성공했다. 내치에서는 268년에 비가 내리지 않자 남당(南堂)으
로 신하들을 불러 정치와 형벌의 잘못이 없었는지 물었으며, 다섯 명의

경주 미추왕릉

『조선고적도보』에 실린 미추왕릉 ⓒ국립문화재연구원 문화유
산연구지식포털

사자를 보내 백성들의 여론을 수렴했다. 그렇게 재위를 이어가던 미추이 사금은 284년에 세상을 떠났고, 뒤를 이어 조분이사금의 맏아들인 유례 이사금(儒禮尼師今, 재위 284~298)이 왕위에 올랐다.

미추이사금의 장지 기록

미추왕릉은 경상북도 경주시 황남동 89-2번지로, 대릉원 내에 있다. 대릉(大陵) 혹은 죽장릉(竹長陵) 등으로 불렸는데, 현 대릉원의 명칭은 미 추왕릉이 대릉으로 불린 것에서 유래했다. 『삼국유사』에는 대릉의 위치 가 흥륜사(興輪寺) 동쪽, 『신증동국여지승람』과 『동경잡기』에는 미추왕릉 이 황남리(皇南里)에 있다고 했다. 다만 현 위치가 미추왕릉인지에 대해서 는 논란이 있는데, 이 부분은 흥륜사의 위치 문제와도 맥이 닿아 있다.

이서고국과 미추왕죽엽군

미추왕릉은 죽현릉(竹現陵)으로도 불렸다. 유례이사금(儒禮尼師今, 재위 284~298) 때 이서국(伊西國)[96]이 서라벌을 침공해 위기에 빠졌을 때 어디선 가 귀에 대나무 잎을 꽂은 군사들이 나타났고, 이들과 함께 힘을 합쳐 이

영묘사(靈妙寺)가 새겨진 기와

경주 흥륜사

이서면사무소에 있는 이서고국 표석. 이서국은 경상북도 청도군에 있던 소국이다.

이서국성지(백곡토성) 표석. 이서국의 왕성지로 비정된 곳이다.

서국 군사들을 물리쳤다고 한다. 이후 도와준 군사들이 홀연히 사라졌는데, 행방을 찾던 중 미추왕릉 앞에 대나무 잎이 쌓여 있는 것을 보고, 죽은 미추이사금이 도와주었다 해서 이때부터 죽현릉(竹現陵)으로 불렀다는 것이다.

　이를 통해 이서국이 존재했고, 국력이 신라와 대등한 수준이었음을 알 수 있다. 이후 신라의 세력 확장 과정에서 이서국은 멸망했다. 『신증동국여지승람』 경상도 청도군 편을 보면, 신라가 이서국의 땅을 빼앗은 뒤 구도성의 경내에 있던 솔이산과 경산, 가산을 합쳐 대성군(大城郡)을 설치했다고 적고 있다.[97]

내물왕릉(奈勿王陵)

내물마립간(奈勿麻立干, 재위 356~402)[98]은 말구(末仇)[99]와 휴례부인(休禮夫人)의 소생으로, 왕비는 미추이사금의 딸인 보반부인(保反夫人)이다. 내물마립간의 즉위는 신라 역사에서 중요한 분기점이 되는데, 박·

경주 내물왕릉

석·김이 서로 번갈아가며 왕위를 이었던 이전과 달리 내물왕을 기점으로 신라 김씨의 세습 왕조가 구축되었다. 또한 왕호가 기존 이사금에서 마립간(麻立干)으로 바뀌었다.

한편 중국 측 사서에 처음으로 신라와 관련한 기록이 확인되는데, 『태평어람(太平御覽)』에 실린 『진서(秦書)』와 『삼국사기』를 보면 신라가 전진으로 사신 위두(衛頭)를 파견한 것을 알 수 있다.[100] 또한 『진서』는 신라국왕을 누한(樓寒)[101]으로 표기하고 있다. 이

호우총에서 출토된 호우명 그릇. 을묘년 국강상광개토지호태왕호우십(乙卯年國岡上廣開土地好太王壺杅十)이 새겨져 있다.

때 전진의 부견(苻堅)이 사신 위두에게 해동의 일이 옛날과 같지 않은 이유를 묻는다. 이에 위두는 중국과 같은 경우라며, 시대가 바뀌고 명칭과 이름이 고쳐졌으니 예전과 같을 수 있느냐고 답한다. 이러한 위두의 대답은 신라 김씨의 세습 왕조 구축과 왕호 변경의 의미를 이해하는 데 중요한 단서가 된다.

충주 고구려비. 비문에 새겨진 '신라 토내당주(新羅土內幢主)', '여형여제(如兄如弟)' 등의 명문은 당시 불평 등했던 신라와 고구려의 관계를 잘 보여준다.

내물마립간 시기 신라는 왜(倭)의 침입으로 위기에 빠졌는데, 『삼국사기』에는 364년 왜가 쳐들어왔으나 토함산 아래 풀로 만든 허수아비를 세워두고, 부현(斧峴)의 동쪽 벌판에 1천 명의 군사를 매복해서 물리쳤다고 쓰여 있다. 하지만 399년의 상황은 이와 달랐다. 『광개토대왕릉비』를 보면 백제가 왜와 화통해 신라를 치게 했고, 신라는 다급히 사신을 고구려로 보내 구원을 요청했다. 광개토대왕은 경자년(庚子年, 400)에 보병과 기병 5만을 신라로 보냈다. 이후 고구려군은 왜를 파죽지세로 몰아붙였고, 임라가라의 종발성(從拔城)[102]에서 항복을 받으며 원정을 마무리지었다. 이 사건으로 신라는 위기에서 벗어날 수 있었지만, 그 대가는 컸다. 『광개토대왕릉비』는 이후 신라 매금(寐錦)이 조공한 사실을 기록하고 있으며, 실성[103]과 복호(卜好)[104]를 인질로 보내는 등, 사실상 고구려에 예속화되어 불평등한 관계로 전락했다. 그렇게 순탄치 않은 재위 말년을 보내던 내물마립간은 402년에 세상을 떠났다.

내물마립간에게 세 명의 아들(눌지·복호·마사흔)이 있었음에도, 미추이사금의 조카 이찬 대서지의 아들 실성이 왕위에 올랐다. 이가 실성마립간(實聖麻立干, 재위 402~417)으로, 친고구려계 인물을 신라의 왕으로 올리려는 고구려의 입김이 작용한 것으로 추정된다.

내물마립간의 장지 기록

내물왕릉은 경상북도 경주시 교동 14번지로, 『집경전구기도』[105] 중 경주

내물왕릉, 뒤로 보이는 첨성대

읍내전도에 내물왕릉이 그려져 있다. 장지 기록은 『삼국유사』에는 점성대(占星臺) 서남쪽[106]으로, 여기서 점성대는 첨성대를 말한다. 이에 따라 현 내물왕릉은 황남동 고분군 중 27호분으로 비정되고 있다.

다만 현 내물왕릉의 위치 비정이 잘못되었다는 견해 역시 만만치 않은데, 무덤 양식부터 적석목곽분인지 횡혈식석실분인지 논란이 분분하다. 이근직(2012)의 경우 현 내물왕릉을 석실분으로 추정하며, 마립간 시기의 적석목곽분과는 차이가 있다는 점을 지적했다. 또한 김용성(2015)은 내물왕릉을 황남동 119호분으로 봤는데, 위치 기록과 무덤의 규모, 조성 방식 등이 맞아 떨어지기 때문이다. 반면, 황남대총 남분에서 출토된 유물이 마립간 시기의 초기에 해당하는 만큼 황남대총의 남분을 내물왕릉으로 보는 견해도 있다.

첨성대

첨성대는 선덕여왕 때 쌓았는데,[107] 과거 점성대(占星臺)로도 불렸다. 『신증동국여지승람』을 보면 부의 동남쪽 3리에 있다고 나오는데, 첨성대 안으로 사람이 오르내리며 천문(天文)을

첨성대

관측했다고 한다. 첨성대는 경주를 상징하는 대표적인 문화재 중 하나로, 특히 내물왕릉의 위치를 파악하는 데 중요한 근거가 된다는 점에서 주목해볼 만한 현장이다.

충신 박제상

경주와 울산에는 박제상과 그의 부인 이야기를 간직한 장소들이 많이 남아 있다. 『삼국사기』 박제상 열전을 보면 박제상(朴堤上)[108]은 파사이사금의 5세손으로 할아버지는 아도갈문왕(阿道葛文王), 아버지는 파진찬 물품(勿品)이라고 기록되어 있다. 이후 박제상은 삽량주(歃良州) 간이 되었다고 한다.

박제상이 활약했던 시기는 실성과 눌지마립간 시기다. 고구려의 지원을 받아 왕위에 오른 실성마립간은 내물마립간의 세 아들 눌지·복호·미사흔을 견제하기 위해 볼모로 미사흔(未斯欣)을 왜, 복호(卜好)를 고구려로 보냈다. 이후 눌지마립간이 즉위한 뒤 이들 형제를 구하기 위해 박제상을 불렀다. 『삼국유사』를 보면 박제상은 고구려로 가서 복호를 구출해 왔고, 이어 왜로 향해 미사흔을 구한 뒤 자신은 죽임을 당했다.

치술령 망부석 ⓒ김환대

장사벌지지(長沙伐知旨)의 유래는 박제상이 고구려에 인질로 있던 눌지마립간의 동생인 복호를 구출하고 돌아왔음에도 왕의 근심을 헤아려 집에 들르지도 않고, 곧바로 또 다른 눌지마립간의 동생

은율암에 그려진 망부석 설화, 치술령에 오른 박제상의 아내는 망부석이 되고, 영혼은 새가 되어 바위에 숨었다고 한다. ⓒ김환대

인 미사흔을 구하기 위해 왜로 갔다. 이 소식을 들은 박제상의 부인이 남편을 찾아 나섰으나, 결국 따라잡지 못하게 되면서 망덕사 문 남쪽에 있는 모래사장 위에 누워 울부짖었다고 한다. 이때의 모래사장을 장사(長沙)라 했고, 부인이 다리를 뻗고 앉아 일어서지 않았기에 벌지지(伐知旨)라 했다.

장사벌지지 표석

『신증동국여지승람』에는 치술령(鵄述嶺)[109] 위에 신모사(神母祠)가 있다고 했는데, 신모사는 박제상의 아내를 기리기 위해 만든 사당이다. 박제상이 왜로 떠난 뒤 치술령에 오른 박제상의 아내는 남편이 돌아오기를 기다리다 그대로 망부석이 되었다고 한다. 이후 아내의 영혼은 새가 되어 바위에 숨었다는 치술령 망부석 이야기가 지금까지도 전해지고 있다.

수탉을 죽여라!

내물마립간 시기에 있었던 광개토대왕의 경자년 원정 이후, 사실상 신라는 고구려에 예속화되었다. 하지만 눌지마립간(訥祇麻立干, 재위 417~458)을 시작으로 고구려의 영향력으로부터 벗어나려는 모습을 보이면서 갈등이 표면화되기에 이른다. 『삼국사기』를 보면, 450년 7월에 고구려 장수가 신라에 의해 피살당하는 사건이 발생했고, 이에 분노한 고구려가 침공하자 신라는 다급히 화의를 청했다.

『일본서기』에 의하면, 고구려는 정예병사 1백 명을 보내 신라 영토 내를 지키게 했다.[110] 그리고 사건은 고구려 군사 한 명이 본국으로 돌아가면서 시작되었다. 해당 군사는 신라인을 전마(典馬)로 삼았는데, 그가 신라인에게 "너희 나라는 우리에게 망할 날이 머지않았다."는 발언을 했다는 것이다. 이 말을 들은 신라인은 왕에게 즉각 이 사실을 알렸다. 이에 고구려의 의도를 의심한 신라왕[111]은 명령을 내려 신라에 있던 고구려인

황남대총. 남분의 무덤 주인을 내물마립간 혹은 눌지마립간으로 보는 견해가 있다.

들을 색출해 죽였는데, 이를 상징적으로 보여주는 말이 "사람들은 집안에서 기르는 수탉을 죽여라."였다.[112]

이 사건 이후 신라와 고구려는 돌아올 수 없는 강을 건넜고, 신라는 고구려를 견제하기 위해 백제와 손을 잡았다. 바로 나제동맹(羅濟同盟)의 시작이었다. 하지만 475년(자비마립간 18), 장수왕의 남진으로 한성시대를 마감한 백제는 웅진으로 천도해야 했다. 이후로도 고구려의 강세가 지속되었기에 나제동맹은 더욱 끈끈한 관계를 유지할 수 있었고, 이를 보여주듯 493년 3월, 소지마립간(炤知麻立干, 재위 479~500)은 백제 동성왕의 요청을 받아들여 이벌찬 비지(比智)의 딸을 시집보냈다. 이처럼 나제동맹은 마립간 시기 신라의 대외정책에 있어 중요한 의미를 갖는다.

08　　　　　　　　　　　　　법흥왕릉(法興王陵)

법흥왕(法興王, 재위 514~540)은 지증왕(智證王, 재위 500~514)과 연제부인(延帝夫人)의 소생으로, 이름은 원종(原宗)[113]이다. 왕비는 보도부인(保刀夫人)이며 법흥왕의 치세 때 불교가 공인되고, 율령이 반포되었다. 또한 골

경주 법흥왕릉의 전경

법흥왕릉

포항 냉수리 신라비. 지증왕 때인 503년에 세워졌다. 비의 내용은 재산과 유산 상속 문제로 분쟁이 발생하자 중앙의 귀족들이 합의해 해결했다는 내용이다.

품제(骨品制)가 확립되었으며, 521년에 관리의 공복(公服)을 제정하면서 등급에 따라 붉은색과 자주색으로 나뉘었다. 골품제에서 공복의 색깔은 신분의 상징이었으

울진 신라 봉평비. 법흥왕 때인 524년에 세워졌다. 비의 내용은 울진 지역에서 분쟁이 일어나자 육부의 회의를 거쳐 판결을 집행했다는 내용으로, 율령과 육부제가 실시되었음을 보여준다.

며 자주색은 성골과 진골, 붉은색은 6두품이었다.

법흥왕의 가계를 보면, 딸인 지소부인을 자신의 동생인 사부지갈문왕(徙夫知葛文王)과 혼인시켰는데, 근친혼을 통해 후계자를 얻고자 했음을 알 수 있다. 한편 528년에는 불교를 공인했는데, 여기에는 이차돈의 순교가 결정적이었다.

대외적으로는 521년 양나라로 가는 백제의 사신 편에 사람을 딸려 방물을 보냈는데, 이때 등장한 신라왕의 이름이 모진(慕秦)이다.[114] 522년에는 대가야의 혼인 요청에 이찬 비조부(比助夫)의 여동생을 이뇌왕(異腦王)에게 보냈다. 532년, 금관가야가 항복했는데, 마지막 왕인 구형왕(仇

衡王, 재위 521~532)이 노종(奴宗), 무덕(武德), 무력(武力)[115] 등 세 아들과 함께 신라에 항복했다. 이에 법흥왕은 구형왕에게 상등(上等)의 직위를 주었고, 아들 무력은 공을 세워 훗날 그 지위가 각간(角干)에 이르렀다. 골품제에서 각간은 진골만이 오를 수 있었기에, 신라로 항복한 구형왕의 가계가 신라의 진골로 편입되었음을 알 수 있다.

포항 중성리 신라비. 지증왕 때인 501년에 세워졌다. 재물 소송과 판결을 기록한 비석이다.

이밖에 법흥왕은 독자 연호인 건원(建元)을 사용하고, 불필요한 살생 금지와 제방을 쌓는 등의 업적을 이루었다. 이렇듯 신라 전성기의 서막을 준비했던 법흥왕이 540년에 세상을 떠났고, 뒤를 이어 사부지갈문왕과 지소부인 사이에서 태어난 삼맥종(彡麥宗)이 왕위에 오르게 되는데, 이가 바로 신라 중흥의 군주인 진흥왕이다.

법흥왕의 장지 기록

법흥왕릉은 경상북도 경주시 효현동 산63번지로, 장지 기록은 『삼국사기』와 『삼국유사』, 『동경잡기』 등에 공통적으로 등장하는 애공사(哀公寺) 북쪽, 혹은 북쪽 봉우리다. 이전까지 마립간 시기의 왕릉급 무덤은 평지에 조성되었고, 적석목곽분이 주를 이루었다. 하지만 법흥왕 때부터 변화가 나타났는데, 무덤이 산으로 올라가는 경향을 보인다. 뿐만 아니라 무덤 양식 역시 기존 적석목곽분이 아닌 횡혈식석실분으로 변화했다.[116]

법흥왕릉에는 후손들이 세운 상석과 표석 등이 남아 있으며, 능의 둘레로 호석으로 추정되는 괴석이 일부 돌출되어 있을 뿐 특징점을 찾기 어려운 왕릉이다.

경주 효현동 삼층석탑

경주 효현동 삼층석탑은 경상북도 경주시 효현동 419-1번지에 있는데, 『동경잡기』를 보면 이 탑을 애공사탑이라 불렀음을 알 수 있다. 따라서 이곳을 애공사로 볼 경우 북쪽에 법흥왕릉이 있다고 했기에, 법흥왕릉의 위치 비정에 중요한 근거가 된다. 하지만 효현동 삼층석탑은 당대의 것이 아닌 9세기경에 만들어진 석탑으로 추정되는 데다, 사찰이 있던 터는 논밭으로 변해 흔적을

경주 효현동 삼층석탑

찾기 어렵다. 또한, 애공사 북쪽에 있다는 진흥왕릉의 존재 때문에 이곳을 애공사로 볼 수 있는지에 대한 논란이 있다.

이차돈 순교비와 불교 공인

지난 2019년, 경주 소금강산에서 이차돈의 묘와 사당터로 추정되는 장소가 확인되어 이목을 끌었다. 신라십성 중 한 명으로, 이름이 염촉(厭髑)인 이차돈은 신라 불교를 상징하는 인물이자 불교의 공인에 결정적 역할을 했다. 이차돈 이전까지의 신라 불교는 천경림(天鏡林)으로 대표되는 토착 신앙과의 대립이라고 해도 과언이 아니다. 애초 신라의 불교 도입은

삼국 가운데서도 가장 늦었다.

아도화상

『삼국유사』에 따르면 눌지마립간 때 고구려 승려 묵호자(墨胡子)가 일선군 (一善郡)[117]으로 온 것이 시초다. 이 때 묵호자는 모례(毛禮)의 집에 굴을 파서 방을 만들어 살았는데, 지금도 경상북도 구미시 도개면 도개리 360-9번지에는 모례의 집 우물로 전하는 전모례가정(傳毛禮家井)이 남아 있다. 아도화상(我道和尙) 역시 모례의 집에 왔는데, 훗날 미추이사금의 딸인 성국공주(成國公主)의 병을 치료하게 했다. 이에 미추이사금이 원하는 것을 물었을 때 천경림에 사찰을 짓게 해달라고 요청하고, 그 결과 흥륜사(興輪寺)가 지어진 것이다. 하지만 당시까지도 불교는 완벽히 자리 잡은 게 아니었고, 이 같은 상태는 법흥왕 때까지 이어졌다.

전모례가정(傳毛禮家井). 모례 집의 우물로 전한다는 의미다.

이차돈은 22세가 되던 해에 사인(舍人)의 관직에 올랐는데, 법흥왕은 불교를 공인하기 위한 희생양으로 이차돈을 처형하는 충격 요법을 행했다. 불교에 대한 신하들의 반발을 억

누르기 위해 이차돈은 법흥왕에
게 자신을 목을 벨 것을 간했던
것이다. 그렇게 처형장으로 끌려
온 이차돈은 자신이 죽은 뒤 징
표가 나타날 것이라는 예언을 했
다. 실제 이차돈의 목을 베자 흰
색 피가 솟아오르면서 하늘이 캄
캄해지고, 땅이 흔들리며 꽃비가
떨어졌다고 한다.

구미 도리사에 있는 아도화상 사적비

　이차돈의 희생으로 법흥왕은
불교를 공인할 수 있었고, 신라
는 삼국 가운데 가장 늦게 불교

를 받아들였음에도 스스로를 불국토라 칭할 만큼 적극적으로 불교를 수
용하고 발전시켰다. 이차돈의 순교와 관련한 흔적이 바로 이차돈 순교

이차돈 순교비

이차돈의 순교 모습

비로, 백률사비로도 불렸다.

지난 2019년, 이차돈의 무덤과 사당터로 추정되는 장소가 발견되어 주목된다. 사당터에서는 이차돈 순교비의 좌대로 보이는 파편이 확인되었다.[118] 『삼국유사』를 보면 이차돈의 장지가 북산(北山)의 서쪽 고개라고 했는데, 북산은 금강산(金剛山, 현 소금강산)이다.

추정 이차돈 순교비의 좌대 파편

2019년 발견된 추정 이차돈 무덤과 사당 터

신라의 국호와 왕호 사용

503년, 신하들은 지증마립간에게 신라국왕(新羅國王)의 칭호를 올렸다. 여기서 두 가지 사실을 알 수 있는데, 바로 국호와 왕호가 사용된 점이다. 기존까지 관습적으로 사용하던 신라 국호의 신(新)은 덕업이 날로 새로워진다는 덕업일신(德業日新), 라(羅)는 사방을 덮는다는 뜻의 망라사방(網羅四方)에서 나온 것이다. 마립간이었던 지배자의 호칭이 왕으로 바뀐 것도 이 시기이다.

진흥왕릉(眞興王陵)

경주 진흥왕릉

과거 북한산 비봉에 세워진 비석은 무학비(無學碑)라는 전승이 있었으나 추사 김정희에 의해 신라 진흥왕 순수비로 고증되었다. 순수(巡狩)란 왕이 지방을 순행하는 것으로, 해당 순수비는 진흥왕이 개척한 영토의 순수를 기념하기 위해 세운 비석이다. 진흥왕북순비로도 불린 이 비석은 진흥왕을 진흥태왕(眞興太王)으로 기록하고 있으며, 진흥왕의 영토 확장을 잘 보여주고 있다.

실제 『삼국사기』는 555년 10월 진흥왕이 북한산으로 순행을 떠난 사실

서울 북한산 신라 진흥왕 순수비

김정희가 순수비를 고증한 뒤 남긴 명문

을 기록하고 있다. 이러한 순
수비는 신라의 영토 개척을 보
여주는 상징적인 유적이며, 현
재 ▶창녕 신라 진흥왕 척경비
▶서울 북한산 신라 진흥왕 순
수비 ▶황초령 진흥왕 순수비
▶마운령 진흥왕 순수비 등 총
네 개가 남아 있다. 이밖에 주
목할 비석으로 단양 신라 적성

창녕 신라 진흥왕 척경비

비가 있는데, 고구려의 통치 지역이던 적성 점령에 성공한 것을 기려, 공
신들의 이름과 점령에 야이차(也爾次)와 그 가족들을 포상한 내용을 담고
있다.

진흥왕(眞興王, 재위 540~576)의 이름은 삼맥종(彡麥宗)으로, 그의 아버지
인 사부지갈문왕은 법흥왕의 동생이며, 어머니인 지소부인은 법흥왕의

단양 신라 적성비와 적성

딸이다. 왕위에 오른 진흥왕은 아직 어린 나이였기에 왕태후가 섭정했다. 진흥왕의 재위 기간은 신라의 전성기로, 545년 7월, 대아찬 거칠부(居柒夫) 등에게 명해 신라의 역사서를 편찬했다. 또한 ▶개국(開國, 551) ▶태창(太昌, 568) ▶홍제(鴻霽, 572) 등의 연호를 사용했다.

당시 동북아시아의 국제 정세는 고구려의 영향력이 약해지면서, 신라와 백제의 나제동맹 세력이 한강유역을 탈환했던 시기였다. 553년, 신라는 백제의 동북쪽을 공격해 빼앗은 뒤 신주(新州)를 설치하고 초대 군주(軍主)[119]로 김무력(金武力)을 임명했다. 땅을 빼앗겼음에도 백제 성왕은 그해 10월 자신의 딸을 진흥왕에게 보내 화친하고자 했다.

이 때문에 백제 스스로 한강 하류를 포기한 것이 아니냐는 시각도 있다. 또한 『삼국유사』와 『동사강목』 등을 보면 백제는 신라와 함께 고구려를 견제하고자 했는데, 진흥왕은 "국가의 흥망은 하늘에 있는 것이니, 만일 하늘이 고구려를 버리지 않는다면 우리들이 어찌 감히 이기기를 바라랴!"라고 말했다는 것이다. 이 때문에 백제가 신라를 원망해 침입한 것으

하남 이성산성. 신주(新州)의 치소로 추정된다.

화성 당성. 신라 때 당항성(黨項城)으로 불렸다.

로 기록하고 있다.[120] 백제의 입장에서는 기존 '고구려=신라, 백제'의 구
도에서 '고구려, 신라=백제'로 전환됨을 의미하기에 대외정세에 있어 악
영향을 줄 가능성이 있었다.

결과적으로 553년 10월의 화친은 백제의 기만술이었다. 팽팽하던 신
라와 백제의 긴장 상태는 554년에 깨지게 된다. 『일본서기』를 보면 당시
신라의 정벌을 주장한 것은 태자 여창(餘昌, 위덕왕)이었다. 하지만 기로(耆
老, 원로대신)들은 아직은 때가 아니라며 만류했다.[121] 그럼에도 만류를 물
리치고, 신라 정벌을 주장한 태자에게 힘을 실어준 성왕의 결단으로 백
제와 신라는 운명을 건 한판 승부를 겨루게 된다.

처음에는 쳐들어간 백제에 유리한 전장 환경이 조성되었다. 이때 태자
는 구타모라(久陀牟羅)[122]에 성책을 쌓았는데, 신라가 본격적으로 대응하기
시작하면서 전쟁의 양상은 교착 국면에 빠졌다. 성왕은 길어지는 전쟁에
태자와 군사들을 격려하고자 보병과 기병 50명을 이끌고 길을 나섰다.
하지만 성왕이 온다는 첩보를 입수한 신라는 미리 매복했고, 구천(狗川)
에 이르렀을 때 기습해 성왕을 붙잡았다.[123]

당시 성왕은 노비인 고도
(苦都)의 손에 목이 잘려 비
참하게 죽었고, 머리는 도
당(都堂)의 북청(北廳) 계단
아래 묻었다.[124] 이렇듯 성
왕의 비극적인 죽음으로
관산성 전투는 신라의 승
리로 끝이 났다. 이 전투에

옥천 구진벼루, 백제 성왕이 최후를 맞은 장소다. ⓒ이건일

고령 지산동 고분군

서 백제는 좌평 4명과 병사 2만 9천6백 명이 죽었는데, 돌아간 말이 한 마리도 없을 정도로 큰 참패를 당했다.

이후 백제의 대신라 전선은 방어 위주의 전략으로 변화했고, 신라의 가야 병합이 진행되는 상황에서도 손을 쓸 수 없을 정도로 큰 타격을 입었다. 가야의 입장에서도 관산성 전투는 생존의 문제와 직결되었다. 가야가 생존하기 위해서는 신라와 백제 양쪽의 세력이 어느 정도 견제와 대립을 해주어야 하는데, 관산성 전투로 인해 그 흐름이 무너져 버린 것이다. 그 결과 562년 9월, 진흥왕은 이사부(異斯夫)와 그 부장인 사다함(斯多含)에게 가야의 토벌을 명했고, 신라의 군사가 가까이 다가오자 결국 대가야는 항복했다.

연조리 왕궁지와 왕정(王井)

한편 576년에는 공식적으 로 원화(源花)[125]를 개편해 화 랑(花郎) 제도를 정비했다. 이러한 화랑제도는 훗날 삼 한일통의 큰 원동력이 되었

가야금

다. 또한, 귀순한 우륵(于勒)이 신라로 가져온 악기의 이름을 가야금(伽倻 琴)이라 이름 붙였다. 565년에는 북제로부터 신라왕[126]에 봉해졌다.

황룡사를 창건한 것도 진흥왕이다. 황룡사의 창건 배경은 이렇다. 553 년 2월 월성의 동쪽에 새 궁궐을 지으려 했는데, 갑자기 용이 출현하여 궁궐 대신 황룡사를 창건하게 된 것이다. 황룡사는 566년에 완성되었으 며, 『연려실기술』에는 솔거(率居)와 관련한 이야기가 있다. 솔거가 황룡 사의 벽에 늙은 소나무를 그렸더니 새가 날아와 벽에 부딪혔다는 내용이 다.[127]

574년에는 황룡사 장륙상을 주조했으나,[128] 현재 장륙상은 사라지고 그

傳 흥륜사지 출토 사냥무늬전돌. 동물을 사냥하는 신라인의 모습이 새겨져 있다.

터만 남아 있다. 이처럼 신라의 전성기를 열었던 진흥왕에게는 두 아들이 있었는데, 맏이가 동륜(銅輪), 둘째가 사륜(舍輪)이었다. 하지만 태자였던 동륜은 572년에 세상을 떠났다.

임신서기석(壬申誓記石). 신라의 두 청소년이 하늘에 충도(忠道)를 지키고, 유교 경전을 학습할 것을 맹세하는 비석이다. 화랑과 관련이 있는 것으로 추정된다.

황룡사지의 전경

이후 진흥왕은 심적 고통과 마음의 안식을 불교에서 찾고자 했다. 그러던 576년, 진흥왕이 세상을 떠났는데, 임종 전 머리를 깎고 법의를 입은 모습이었다고 한다. 이후 둘째 아들인 사륜이 왕위에 오르게 되니, 이가 바로 진지왕(眞智王)이다.

황룡사(모형)

황룡사 장륙상이 있던 자리

진흥왕의 장지 기록

진흥왕릉은 경상북도 경주시 서악동 산92-1번지로, 『삼국사기』의 장지 기록은 애공사(哀公寺) 북쪽 봉우리다. 이 경우 앞선 법흥왕릉 역시 애공사 북쪽 봉우리에 있다고 했기에, 진흥왕릉과 법흥왕릉은 같은 위치에 조성된 것으로 봐야 한다. 하지만 현 법흥왕릉과 진흥왕릉은 선도산을 중심으로 정 반대에 위치하고 있어 논란이 된다.

『신증동국여지승람』과 『동경잡기』를 보면 진흥왕릉은 부의 서쪽 서악리(西岳里)에 있다고 했으며, 『동경잡기』에 기록된 태종무열왕릉의 장지 기

도봉서당(桃峯書堂), 황정(黃玎)의 묘사재실이었다가 1910년대에 현재의 모습으로 중건되었다.

황정의 묘. 옆에 있는 무덤은 헌안왕릉이다.

록에서도 영경사 북쪽 역시 서악리라고 했다. 때문에 김정희는 이를 근거로 진흥왕릉과 진지왕릉을 한 곳에서 찾으려 했다.[129] 또한 이근직(2012)은 애공사와 영경사를 같은 장소로 봤는데, 최초에는 애공사로 불리다가 영경사로 바뀐 것으로 추정했다. 실제 경상북도 경주시 서악동 762번지 부근에서 와편과 무문전이 확인됨에 따라 이 절터를 영경사로 보고, 애공사는 영경사의 별칭이라는 견해를 밝힌 바 있다.[130]

현재 알려진 진흥왕릉은 선도산 고분군 중 비정된 4기의 신라왕릉 가운데 하나로, 황정의 묘 옆에 헌안왕릉과 문성왕릉이 있고, 위쪽으로는 진지왕릉과 진흥왕릉이 있다. 유의건의 「나릉진안설」을 보면, 황정(黃玎, 황정언)의 묘 곁에서 반걸음 정도 떨어진 무덤이 진흥왕릉으로 전해졌음을 알 수 있다. 지금의 헌안왕릉을 이야기하는 것으로 보이는데, 이 경우 현 진흥왕릉의 위치와도 차이가 있다.

유의건은 진흥왕릉의 진위와 관련해, 무지한 노인들과 관가 참봉들의 말만 믿고 위치를 비정한 것에 문제를 제기했다. 또한, 가까이 있는 다른 3기의 고분인 ▶진지왕릉 ▶문성왕릉 ▶헌안왕릉을 왕릉으로 비정한 것 역시 근거가 없음을 비판하고 있다.

김정희 역시 직접 진흥왕릉을 찾은 뒤에 쓴 「신라진흥왕릉고」를 통해 현 위치를 진흥왕릉으로 보는 것에 문제를 제기했다. 이때 김정희가 진흥왕릉으로 생각한 장소는 서악동 고분군[131]이다. 서악동 고분군 중 1기가 진흥왕릉이라면 자연스럽게 남은 3기의 고분 역시 왕릉급의 고분으로 봐야 하는데, 무덤의 주인에 관해서는 연구자들마다 견해가 다르다. 다음 표는 서악동 고분군의 무덤 주인에 대한 연구자들의 추정이다.

표 15. 경주 서악동 고분군

경주 서악동 고분군

| 1호분 | 2호분 |
| 3호분 | 4호분 |

표 16. 서악동 고분군의 무덤 주인(추정)

	1호분	2호분	3호분	4호분
김정희	진흥왕릉	진지왕릉	문성왕릉	헌안왕릉
강인구	법흥왕릉	진흥왕릉	진지왕릉	문흥왕릉
김용성	진흥왕비릉	진지왕릉	진흥왕릉	법흥왕릉
이근직	진지왕릉	진흥왕릉	진흥왕비릉	법흥왕릉

울주 천전리 각석[132]

울산광역시 울주군 두동면 천전리 산210-2번지에는 울주 천전리 각석(川前里刻石)이 있다. 천전리 각석의 벽면에는 선사시대 암각화를 비롯해 신라시대의 금석문 등이 새겨져 있다. 이러한 천전리 각석에 중요한 부분 중 한 곳이 바로 원명(을사명, 525)과 추명(기미명, 539)이다.

원명은 525년(법흥왕 12) 법흥왕[133]의 동생인 사부지갈문왕(입종갈문왕, 사탁부갈문왕沙㖨部葛文王)과 우매(友妹)로 표현되는 어사추여랑(於史鄒女郎)[134]이 함께 천전리 계곡에 놀러 와서 새긴 명문이다.[135] 반면 추명의 경우 명문의 주체이자 사부지갈문왕의 왕비로 지몰시혜비(只沒尸兮妃, 지소부인只召夫

울주 천전리 각석

원명과 추명

人)가 등장한다. 추명을 통해 을사년(乙巳年, 525) 이곳을 찾았던 어사추여랑과 사부지갈문왕이 차례로 세상을 떠난 사실을 알 수 있다. 지몰시혜비는 정사년(丁巳年, 537) 사부지갈문왕이 세상을 떠난 이후 남편을 그리워하다 천전리 계곡에 두 사람이 남긴 글씨를 찾아 539년(법흥왕 26) 7월 3일, 아들 심□부지(深□夫智)와 법흥왕의 왕비인 부걸지비(夫乞支妃, 보도부인)와 함께 이곳을 찾았다.[136]

지몰시혜비는 법흥왕의 딸이므로 이 경우 사부지갈문왕은 자신의 조카와 혼인한 셈이다. 지금이야 근친혼(近親婚)이 윤리적으로 죄악시되지만, 고대 사회에서는 씨족의 혈통을 지키기 위한 방법으로 성행됐다. 특히 이 시기 신라에서 왕은 성골만이 될 수 있었기에, 왕위에 오르려면 반드시 성골의 신분을 유지해야 했다. 성골의 범위에 대해서 명확하게 밝혀

천전리 계곡

진 바 없지만, 성골 집단의 씨족을 지키기 위한 방법으로 근친혼이 성행한 것으로 추정된다. 법흥왕은 아들이 없었기에, 자연스럽게 사부지갈문왕과 지몰시혜비의 혼인은 왕위 계승과 관련된 정략적인 선택이었음을 알 수 있다. 실제 사부지갈문왕과 지몰시혜비 사이에서 태어난 아들 심□부지(深□夫智, 심맥부지深麥夫智, 삼맥종)가 신라 중흥의 군주인 진흥왕이라는 점은 의미심장한 대목이다.

10 진지왕릉(眞智王陵)

경주 진지왕릉

진지왕(眞智王, 재위 576~579)은 진흥왕의 차남으로 사륜(舍輪), 혹은 금륜(金輪)이라고도 한다. 어머니는 사도부인(思道夫人), 왕비는 지도부인(知道夫人)이다. 왕위에 오른 진지왕은 이찬으로 있던 거칠부(居柒夫)를 상대등으로 삼았으며, 577년 백제가 변경을 침략하자 이찬 세종(世宗)을 보내 방어하게 했고, 이듬해에는 진(陳)에 사신을 보냈다.

진지왕은 579년 11월에 세상을 떠났는데, 『삼국유사』에는 황음정란(荒淫政亂)을 이유로 폐위되었다고 기록되어 있다. 이후 동륜태자의 아들인 백정(白淨)이 왕위에 올랐는데, 이가 바로 진평왕이다. 한편, 『삼국유사』를 보면 죽은 진지왕과 도화녀 사이에 비형(鼻荊, 비형랑)이라는 이름의 아들이 있었다고 한다.

또한, 진지왕의 아들 용춘(龍春)은 진평왕의 딸 천명공주와 혼인했는데, 두 사람 사이에서 태어난 아들이 훗날 무열왕이 되는 김춘추(金春秋)다.

진지왕의 장지 기록

진지왕릉은 경상북도 경주시 서악동 산92-1번지로, 장지 기록은 『삼국사기』에는 영경사(永敬寺) 북쪽, 『삼국유사』에는 애공사(哀公寺) 북쪽에 있다고 했다. 현 진지왕릉의 위치는 서악동 삼층석탑을 영경사로 보고, 『삼국사기』의 장지 기록을 대입해서 찾았기 때문이다. 그런데 이렇게 되면 문제가 발생한다. 『삼국유사』처럼 애공사 북쪽에 있다고 했기에, 법흥왕릉과 진흥왕릉이 있는 곳에 진지왕릉이 조성되어야 맞다. 위치 비정에 있어 중요한 근거가 되는 왕릉은 무열왕릉이다. 무열왕릉의 위치는 『삼국사기』는 영경사 북쪽, 『삼국유사』는 애공사 동쪽에 있다고 했다.

이 경우 『삼국유사』의 기록을 따르자면 애공사의 북쪽에 ▶법흥왕릉 ▶진흥왕릉 ▶진지왕릉이 있고, 동쪽에 무열왕릉이 있어야 한다. 반면 영경사 북쪽에 있다는 『삼국사기』의 기록을 신뢰할 경우, 무열왕릉 역시 영경사 북쪽에 있다고 했기에 진지왕릉과 무열왕릉은 같은 곳에 있어야 한다. 하지만 현 선도산 고분군은 『삼국유사』의 말대로라면 법흥왕릉의 위치가 문제 된다. 반면 『삼국사기』를 근거로 할 경우 무열왕릉의 위치가 문제 되기 때문에, 현 진지왕릉의 비정은 잘못된 것이다.

한편 현 진지왕릉은 선도산 고분군의 신라왕릉 중 하나로, 진흥왕릉 바로 아래 자리하고 있다. 외형은 특징이 없는 원형봉토분이며, 무덤 양식은 횡혈식석실분으로 추정된다.

경주 서악동 삼층석탑, 이곳을 영경사로 본 결과 현 진지왕릉의 위치가 비정되었다.

경주 서악동 삼층석탑

서악동 삼층석탑은 경상북도 경주시 서악동 705-1번지에 위치하고 있는데, 조성 시기는 9세기경으로. 모전탑을 모방한 모전석탑이다. 1층 몸돌에 감실(龕室)과 좌우로 인왕상(仁王像)이 조각되어 있다. 한편 서악동 삼층석탑으로 인해 이곳이 영경사로 인식되어, 영경사 북쪽에 있

경주 서악동 삼층석탑. 감실과 인왕상

다는 진지왕릉의 위치를 비정하는 데 근거가 되었다.

11 진평왕릉(眞平王陵)

진평왕(眞平王, 재위 579~632)은 동륜태자와 만호부인(萬呼夫人)의 소생으로, 이름은 백정(白淨)이다. 왕비는 마야부인(摩耶夫人)이며, 친족으로는

『조선고적도보』에 실린 진평왕릉 ⓒ국립문화재연구원 문화유산연구지식포털

경주 진평왕릉

명활산성(明活山城) ⓒ김환대

두 동생인 백반갈문왕(伯飯葛文王)과 국반갈문왕(國飯葛文王)이 있다. 진평왕의 재위 기간 중 연호를 건복(建福)으로 바꾸었으며, 남산성(南山城, 591), 명활산성(明活山城, 593), 서형산성(西兄山城, 593) 등을 고쳐 쌓았다.

　진평왕의 재위 기간은 중국 대륙의 수·당 교체 시기였다. 그래서 관련 외교 기록이 많이 남아 있는데, 대표적으로 594년 수 문제(文帝, 양견)에 의해 신라왕[137]으로 봉해진 바 있다. 이후로도 수와의 외교는 계속 이어졌으며, 596년과 611년에는 수에 사신을 보내기도 했다. 이에 수에서도 613년 7월, 사신으로 왕세의(王世儀)가 와 황룡사에서 백고좌(百高座)를 열기도 했다. 그러다 618년에 수나라가 멸망하고 당(唐)이 건국되자, 신라는 당과의 외교관계에 신경을 썼다. 이를 보여주듯 진평왕 때 당으로 보낸 사신만 8회[138]에 달한다. 624년 3월, 당 고조(高祖, 이연)는 사신을 보내 진평왕을 신라왕[139]으로 봉했다. 신라와 당의 밀착은 동북아시아의 정세와 관련 있다. 진흥왕의 북진 이후 빼앗긴 영토를 되찾기 위한 고구려와의 관산성 전투가 벌어짐으로써 적국이 된 백제는 신라의 변경을 끊임없이 침략했다. 『삼국사기』를 보면 고구려의 침입[140]과 백제의 침입 다수[141]가 확인될 정도로 신라는 고립되었다.

　하지만 신라가 수세에만 몰렸던 것은 아니다. 629년에 고구려의 낭비성(娘臂城)을 쳐들어간 신라는 김용춘(金龍春)과 김서현(金舒玄), 김유신(金庾信) 등 삼부자의 활약 덕분에 성을 점령하며 큰 승리를 거두니 바로 낭비성 전투(629)였다. 또한 칠숙(柒宿)과 석품(石品)의 반란(631)을 진압하는 등 위기를 겪었지만 이를 잘 극복했다. 그렇게 재위를 이어가던 진평왕은 632년에 세상을 떠났다.

경주 간묘(諫墓). 진평왕 때의 충신인 김후직의 묘다. 김후직은 왕이 사냥 다니는 길목에 자신의 묘를 조성해 죽은 뒤에도 간하겠다는 일화로 유명하다. ⓒ김환대

진평왕에게는 아들이 없었기에,[142] 왕위를 이을 성골 남자가 없었다. 그 결과 여인이지만 성골이었던 덕만(德曼)이 왕위에 오르게 되는데, 바로 선덕여왕(善德女王)이다.

한편 진평왕은 재위 기간만 54년에 달하는데, 대부분의 사극에서 진평왕은 유약하거나 결단력이 부족한 모습으로 그려졌다. 하지만 이런 이미지와 달리, 진평왕은 위기의 시대를 잘 헤쳐나간 왕이었다. 또한, 유홍준은 『나의 문화유산답사기』에서 경주를 대표하는 세 가지 유물 중 하나로 진평왕릉을 꼽았는데, 소박하면서도 왕릉의 기품을 잃지 않았다고 평가한 바 있다.

진평왕의 장지 기록

진평왕릉은 경상북도 경주시 보문동 608번지로, 『삼국사기』에는 진평왕릉이 한지(漢只)에 있다고 했는데, 한지는 신라 육부 중 한지부를 뜻한다. 현 진평왕릉이 과거 한지원(閑地原)으로 불렸다. 다만 한지(漢只)와 한지원(閑地原)의 한자가 다른 데다, 현 진평왕릉을 신문왕릉으로 보는 설이 있다. 이유는 『삼국사기』에 언급된 낭산의 동쪽이 현 진평왕릉의 위치와 일치하기 때문이다.

또한, 傳 황복사지 삼층석탑에서 출토된 금동제 사리외함뚜껑의 명문을 통해, 해당 탑이 신문왕의 명복을 빌고자 세워진 것임을 알 수 있다. 진평왕릉의 외형은 원형봉토분으로, 능의 둘레에는 호석으로 추정되는 괴석이 일

진평왕릉의 호석

부 돌출되어 있다. 747년(경덕왕 6) 3월에는 진평왕릉에 벼락이 쳤다고 한다.

노을이 지는 진평왕릉

선덕여왕릉(善德女王陵)

『조선고적도보』에 실린 선덕여왕릉 ⓒ국립문화재연
구원 문화유산연구지식포털

경주 선덕여왕릉

　우리 역사상 첫 여왕인 선덕여왕(善德女王, 재위 632~647)[143]은 진평왕(眞平
王)과 마야부인(摩耶夫人)의 소생으로, 이름은 덕만(德曼)이다. 진평왕의 뒤
를 이어 왕위에 올랐는데, 당나라는 사신을 보내 선덕여왕을 신라왕[144]으
로 책봉했다. 대부분 선덕여왕이 미혼인 것으로 알고 있지만, 『삼국유사』
에는 음갈문왕(飮葛文王)과 혼인했다고 기록되어 있다.

　선덕여왕이 여인임에도 왕위에 오를 수 있었던 것은 골품제하에서는
오직 성골만이 왕위에 오를 수 있었기 때문이다. 진평왕이 세상을 떠난
뒤 성골은 오직 덕만과 승만(勝曼), 두 여인밖에 남지 않았었다. 골품 제
도가 없었다면 선덕여왕이 왕위에 오르는 것은 불가능했는데, 여인이 왕
이 된다는 것은 그 시대의 기준으로 쉽지 않았기 때문이다. 실제 선덕여
왕의 재위 말년에 비담의 난이 있었는데, 반란 명분이 "여주는 (나라를) 잘
다스리지 못한다."[145]였다. 또한 『삼국사기』를 편찬했던 김부식 역시 신라
가 여인을 세워 왕위에 오르게 한 일을 비판하며, 나라가 망하지 않은 것
이 다행이라고 할 정도였다. 이러한 비판의 근간은 당시 수세에 몰린 신

경주 망월사 대명전. 선덕여왕의 위패와 초상

라의 상황과 무관하지 않다. 신라는 백제와 고구려의 파상 공세 속에서 언제 나라가 망해도 이상하지 않을 정도였다.

실제 『삼국사기』를 보면, 638년에 고구려가 칠중성(七重城)을 공격했고, 백제는 선덕여왕의 재위 기간 중 수차례[146]에 걸쳐 침입했다. 당시 신라에 대한 백제의 압박은 상상 그 이상이었다. 642년 7월 의자왕이 군사를 일으켜 신라의 서쪽 40여 성을 빼앗는가 하면, 8월에는 백제 장군 윤충(允忠)이 신라의 요충지라고 할 수 있는 대야성(大耶城)[147]을 함락시켰다. 이때 백제는 성주 품석(品釋)과 그의 아내 고타소(古陁炤)[148]를 죽인 뒤 옥중에 묻었는데,[149] 고타소는 김춘추의 딸이기도 했다. 딸의 죽음에 충격[150]을 받은 김춘추는 이후 백제에 대한 적개심을 노골적으로 드러냈다. 그는 백제를 견제하기 위해 고구려로 가서 도움을 요청했다. 하지만 고구려는 신라가 빼앗아간 마목현(麻木峴)과 죽령(竹嶺)을 내놓으면 도와주겠다고 했고, 김춘추가 거부하자 도리어 옥에 가두어버렸다. 이에 김유신(金庾信)이 이끄는 군대가 한강을 지나 고구려 남쪽 변경에서 무력시위에 나섰다.[151] 또한 고

합천 대야성 ⓒ임병기

구려 신하 선도해(先道解)는 옥에 갇힌 김춘추에게 『별주부전』을 상기시켰다. 뜻을 알아차린 김춘추는 고구려왕에게 본국으로 돌아가면 왕에게 청해 영토를 내놓겠다는 거짓 약속을 한 뒤 무사히 귀환할 수 있었다.[152]

이후 김춘추는 바다 건너 왜로 향했는데, 『일본서기』를 보면 647년, 대아찬 김춘추를 왜로 파견한 사실과 당시 춘추의 용모가 준수하고 담소를 잘했다는 기록이 남아 있다. 파견 목적에 대한 기록은 없으나, 앞선 고구려의 사례처럼 백제를 견제하기 위한 목적으로 추정된다.[153] 하지만 이번 파견에서도 목적을 달성하지 못했기에 신라의 입장에서 손을 내밀 수 있는 나라는 당나라밖에 없었다. 이 같은 사실은 『삼국사기』에 기록된 당과의 외교 관련 기사를 통해서도 교차 확인된다.

경주 부운지. 선덕여왕이 방문했다고 하며 지금도 이곳에는 나왕대(羅王臺) 명문이 남아 있다.

경주 재매정(財買井), 김유신의 집으로 전해진다.

당시 신라는 당나라에 8회[154]에 걸쳐 사신을 보냈는데, 특히 642년 ~645년에만 6회에 달할 정도다. 신라는 사신을 통해 고구려와 백제의 압박에 사직(社稷)이 위태롭다며 구원을 요청할 정도로 사정이 좋지 않았다. 이 무렵 신라가 내밀 수 있는 최고의 카드 김유신을 서라벌의 방어를 위해 압량주(押梁州)[155]의 군주로 삼아야 했다. 백제의 침입으로 지속되는 위기를 막기 위한 김유신의 책임감은 막중해졌고, 자신의 집 문 앞을 지나면서도 돌아보지 않고 전장으로 갔을 만큼 동분서주해야 했다.

이러한 신라의 모습에 당나라는 여인을 임금으로 삼아 이웃나라에 업신여김을 당한다며 조롱할 정도였으니, 선덕여왕의 치세를 성공적이었다고 말하기는 어렵다. 더 큰 문제는 위기 상황을 극복할 대안 제시를 하지 못했다는 점이다. 이 부분은 당 황제에게 지금 들어도 민망한 「태평송」을 바쳐가며, 나당군사동맹을 성사시킨 뒤 반전의 기회를 맞은 진덕여왕의 치세와 대비된다. 그렇기에 사극이나 일부 미디어에서 선덕여왕을 높게 평가하는 것은 논란이 될 수밖에 없다. 그렇다고 해서 선덕여왕을 부정적으로만 보는 것 역시 문제가 있는데, 신라의 위기는 국제 정세의 변화와 함께 고구려와 백제의 압박으로 고립이 표면화되었다. 이러한 흐름은 진평왕 때부터 있었기에, 신라의 위기를 선덕여왕의 책임이라고만 단정 짓기는 어렵다. 여기에 선덕여왕 개인의 실정 역시 확인되고 있지 않아 높게 띄우는 것도 문제지만, 지나치게 부정적인 평가를 내리는

경주 분황사

것도 맞지 않는 것이다.

한편, 이 시기는 문화의 관점에서 보면 정치·외교에서의 수세에 몰린 것과는 별개로 화려하게 꽃을 피웠다고 볼 수 있다. 첨성대와 분황사(芬皇寺), 황룡사 구층목탑이 선덕여왕 때 세워졌고, 인평(仁平)이라는 독자적인 연호를 사용했다. 이외에 선덕여왕은 지혜를 강조하는 모습을 보이는데, 지기삼사(知幾三事)가 대표적이다. 이 중 모란꽃과 여근곡(女根谷) 이야기는 『삼국사기』와 『삼국유사』 모두에서 확인되고 있다. 그렇게 파란만장한 재위 기간을 보낸 선덕여왕은 647년에 세상을 떠났다. 뒤를 이어

분황사 화쟁국사비부, 김정희가 새긴 차신라화쟁국사지비적(此新羅和諍國師之碑蹟)

진평왕의 동생인 국반갈문왕(國飯葛文王)[156]의 딸 승만이 왕위에 오르게 되니, 이가 진덕여왕(眞德女王)이다.

선덕여왕의 장지 기록

선덕여왕릉은 경상북도 경주시 배반동 산32번지로, 기록과 현장이 일치하여 무덤 주인이 확실한 신라왕릉으로 인정받고 있다. 외형은 원형 봉토분으로, 자연석을 호석으로 쌓은 형태다. 장지 기록은 『삼국사기』에는 낭산(狼山), 『동경잡기』 능묘조에는 낭산의 남쪽에 있다고 했다. 선덕여왕릉은 『삼국사기』와 『삼국유사』의 교차 분석으로 알 수 있는데, 선덕여왕은 자신이 죽은 뒤 장지로 도리천(忉利天)을 지목했다. 그런데 신하들은 도리천이 어디인지 몰라 여왕에게 다시 물어봤고, 그는 낭산의 남쪽에 있다고 답했다. 훗날 문무왕이 낭산의 남쪽에 사천왕사(四天王寺)를 세웠다는 기록을 통해 낭산에 선덕여왕릉이 있고, 그 남쪽에 사천왕사가 있었음을 알 수 있다. 선덕여왕릉의 위치 비정에 중요한 열쇠인 사천왕사지의 존재가 확인됨에 따라, 앞선 신라왕릉들이 진위 논란이 있었던

선덕여왕릉의 호석　　　　　　　　측면에서 바라본 선덕여왕릉

것과 달리, 선덕여왕릉은 무덤 주인이 확실한 신라왕릉으로 인정받게 된
것이다.

선덕여왕릉의 이정표, 사천왕사지

사천왕사(四天王寺)는 문무왕 때 679년에 세워진 호국 사찰로, 신라 칠
처가람(七處伽藍)[157] 중 한 곳이다. 낭산 남쪽의 신유림(神遊林)에 세워진 사
천왕사는, 당이 신라를 침공하려 하자 이를 막기 위해 문무왕이 명랑법
사(明朗法師)에게 자문을 구해 조성한 것이다.[158] 사천왕사의 가람배치는 1
금당 2탑의 형태로, 두 목탑의 기단에서는 양지 스님이 만든 것으로 알
려진 녹유신장상(綠釉神將像)이 출토되었다.

사천왕사지는 선덕여왕릉의 위치를 규명하는 데 있어 이정표와 같은
장소이자, 문무왕릉비가 세워진 장소다. 사천왕사지에는 두 기의 귀부가
남아 있는데, 이 중 서편의 귀부는 문무왕릉비, 동편의 귀부는 사천왕사
사적비로 추정된다.[159] 또한 사천왕사는 남쪽에 있는 망덕사지의 위치를
비정하는 데 있어서도 이정표 역할을 한다.

사천왕사지

사천왕사지 당간지주

사천왕사명 기와

사천왕사지 출토 녹유신장상, 활과 화살을 든 신장

선덕여왕의 지기삼사와 여근곡

여근곡(女根谷)

선덕여왕의 지기삼사(知幾三事)는 여왕의 현명함을 보여주는 이야기로, ▶모란꽃 일화 ▶여근곡 일화 ▶도리천 일화 세 가지 내용을 말한다. 모란꽃 일화는, 당에서 보내온 모란꽃 그림과 씨앗을 본 선덕여왕이 꽃에 향기가 없을 것을 예언한 것이다. 신하들이 향기가 없는 것을 어떻게 알았느냐고 묻자, 선덕여왕은 모란꽃 그림에 나비가 없었기 때문이라고 말했다. 도리천 일화는 위의 장지 기록에 언급한 내용이다. 지기삼사와 관련한 장소 중 한 곳인 여근곡(女根谷)은 한자 그대로 '여인의 성기를 닮은 지형'을 의미하며, 옥문곡(玉門谷)으로도 불린다.

『삼국사기』에는 636년 5월, 궁궐의 서쪽 옥문지(玉門池)¹⁶⁰에 모여 있는 개구리들의 성난 모습을 본 선덕여왕이 서남쪽 변경에 있는 옥문곡(玉門谷)¹⁶¹에 적이 쳐들어왔음을 예상하여, 알천(閼川)과 필탄(弼呑)을 보내 확

여근곡 옥문지

인시켰다. 그런데 실제 백제의 장군 우소(于召)가 이끄는 5백 명의 군사들이 숨어 있어 이를 물리쳤다고 한다.[162] 여근곡은 경상북도 경주시 건천읍 신평리 일대다. 여근곡의 전체적인 조망은 여근곡 전망대에서 확인할 수 있으며, 유학사를 출발해 250m가량 등산로를 따라 오르면 여근곡 옥문지(玉門池)와 안내문을 만날 수 있다.

선덕여왕이 황룡사 구층목탑을 세운 이유는?

『삼국사기』를 보면 645년 3월에 황룡사탑을 세웠는데, 이 탑이 바로 황룡사 구층목탑이다. 황룡사 구층목탑지의 중심 초석에서 발견된 사리함 함판의 『황룡사찰주본기』를 통해 탑의 건립 배경을 알 수 있다. 대략적인 내용은 원향선사(圓香禪師)가 자장에게 황룡사에 구층탑을 세우면 해동의 여러 나라가 신라에 항복할 것이라고 말했고, 이 말을 들은 자장이 조정에 전해 세워졌다고 한다. 반면 『삼국유사』는 「동도성립기(東都成立記)」를 인용해 탑을 세우면 이웃나라가 침략하는 것을 막을 수 있다고 했다. 여기서 각층마다 상징하는 나라가 있는데, 1층은 일본(日本), 2층은

황룡사 구층목탑지

복원한 황룡사 구층목탑의 모형

경주 남산 탑곡 마애불상군

중화(中華), 3층은 오월(吳越), 4층은 탁라(托羅), 5층은 응유(鷹遊), 6층은 말갈(靺鞨), 7층은 거란(丹國), 8층은 여적(女狄), 9층은 예맥(穢貊)이다.[163]

이때 선덕여왕은 황룡사 구층목탑을 조성하기 위해 공사 책임자를 임명하는데, 『황룡사 찰주본기』와 『삼국유사』 모두에서 공통적으로 이간(伊干) 용수(龍樹)[164]와 백제 출신의 대장인 아비지(阿非知)가 등장한다. 645년, 이들이 200명의 장인을 통솔하며 탑의 공사가 시작되었고, 이듬해에 황룡사 구

벽면에 새겨진 구층탑과 칠층탑

층목탑이 세워졌다. 황룡사 구층목탑은 신라의 세 가지 보물 중 하나다. 여기서 신라의 보물은 ▶황룡사 장육존상 ▶황룡사 구층목탑 ▶진평왕의 천사옥대(天賜玉帶)를 말한다. 하지만 황룡사는 1238년(고종 25)에 몽고 군사들에 의해 불타 사라졌다. 때문에 현재는 목탑지만 남아 있으며, 목탑지의 중심에는 초석이 남아 있다. 또한, 황룡사 구층목탑의 형태와 관련한 단서를 제공해주는 곳이 있는데, 바로 경주 남산 탑곡 마애불상군이다. 이곳에는 각각 구층탑과 칠층탑이 새겨져 있으며, 구층탑이 황룡사 구층목탑의 원형으로 추정되고 있다.

13 진덕여왕릉(眞德女王陵)

진덕여왕릉으로 가는 길

진덕여왕릉. 복원 이후 남은 석재　　경주 진덕여왕릉

　　진덕여왕(眞德女王, 재위 647~654)은 진평왕의 동생 국반갈문왕과 월명부인(月明夫人)의 소생으로, 이름은 승만(勝曼)이다. 왕위에 오른 뒤 비담의 난이 진압되었으며, 알천(閼川)을 상대등으로 삼았다. 당 태종은 사신[165]을 보내 신라왕[166]으로 책봉했다.

　　진덕여왕이 재위할 당시, 신라는 당과의 외교에 사활을 걸었다. 이전까지 당과의 외교는 신라의 일방적인 구애에 가까웠으나, 이 무렵 당나라 역시 고구려의 견제를 위해 신라가 필요했다. 이를 잘 보여주는 것이 김춘추와 태종의 만남이다.

　　648년 겨울, 김춘추와 아들 문왕(文王)이 당나라에 갔는데, 태종은 김춘추를 환대했다. 이때 김춘추는 국학(國學)을 방문해 석전과 강론의 참관을 요청했고, 태종은 이를 허락했다. 이후 연회에서 태종은 김춘추에게 속마음을 물었고, 김춘추가 군사를 청병하니 태종 역시 동의했다. 나당군사동맹이 만들어진 순간이다.

　　여기에 더해 김춘추는 중국의 제도를 따라 복식(服飾)을 따를 것을 청했고, 문왕으로 하여금 태종의 숙위(宿衛)를 하게 했다. 650년, 진덕여왕은 법민(法敏)을 당으로 보내 황제에게 「태평송(太平頌)」[167]을 바쳤다. 또한 즉위 초 독자적으로 사용했던 연호 태화(太和)를 버리고, 당나라의 연호 영휘(永徽)를 사용했다.

한편 진덕여왕 치세에도 백제의 침략[168]은 계속되었고, 풍전등화의 위기 속에서 신라로서는 다른 선택의 여지가 없었다. 이를 해결하기 위해 당과의 외교에 사활을 걸어야 했고, 「태평송」은 이 와중에 바쳐진 것이므로 무작정 굴욕적이라고만 치부하기는 어렵다.

654년, 진덕여왕이 세상을 떠났고, 그녀를 끝으로 성골은 단절되었다. 이후 김춘추가 왕으로 즉위하게 되니, 이가 바로 태종무열왕이다. 법흥왕 이후부터 진덕여왕의 왕호는 대체로 불교의 영향을 많이 받았는데, 이후에는 중국식 묘호가 등장하는 등, 이전과 다른 왕호가 나타났다.

진덕여왕의 장지 기록

진덕여왕릉은 경상북도 경주시 현곡면 오류리 산48번지로, 장지 기록은 『삼국사기』에 사량부(沙梁部), 『동경잡기』에는 사량군(沙梁部)으로 기록되어 있어 두 곳 모두 같은 장소임을 알 수 있다. 진덕여왕릉은 십이지신

선덕여왕릉과 진덕여왕릉, 같은 시기의 무덤으로 보기는 어렵다.

상이 새겨진 왕릉 가운데 가장 늦은 시기에 조성된 것으로 평가된다. 여기에 왕릉에서 십이지신상이 본격적으로 등장한 것은 성덕왕릉이기에 진덕여왕릉은 진위와 관련한 논란이 있다. 또한, 현 진덕여왕릉의 위치가 사량부가 맞는지도 불명확하다.

경주 도당산 고분

　이와 관련해 지난 2019년, 박홍국 관장(위덕대 박물관)은 도당산에 있는 고분[169]이 진덕여왕릉이라는 주장을 제기한 바 있다. 이유는 서남산 일대

도당산 고분에서 바라본 경주 월정교

를 사량부로 보는 견해가 있고, 해당 고분의 규모 역시 선덕여왕릉에 조금 못 미칠 뿐 큰 규모이기 때문이다. 의미 있는 가설이긴 하지만 명확하게 고증된 것이 아닌 점은 감안할 필요가 있으며, 발굴 조사를 통해 유의미한 결과가 도출될 가능성도 배제할 수 없다.

화백회의

화백회의 ⓒ김환대

화백회의(和白會議)는 신라의 귀족 회의로, 큰일이 있을 때 모여서 논의했던 회의였다. 만장일치제가 기본으로, 수장은 상대등(上大等)이었다. 회의 장소는 진덕여왕 때 남산 우지암(于知巖)에서 개최했는데, 이는 남쪽의 우지산을 이야기한다. 참고로 화백회의 장소는 ▶동쪽의 청송산(靑松山) ▶남쪽의 우지산(亏知山) ▶서쪽의 피전(皮田) ▶북쪽의 금강산(金剛山) 등이다.[170]

신라 이외에 고구려와 백제에도 이러한 유형의 귀족회의가 있었는데, 고구려는 제가회의(諸加會議), 백제는 정사암회의(政事巖會議)로 불렸다. 579년, 화백회의에 의해 진지왕의 폐위가 결정되었으며, 진지왕의 손자인 김춘추가 왕위에 오르는 과정 역시 화백회의를 통해 결정된 점은 아이러니한 일이라 할 만하다.

3장

신라
중대

무열왕릉(武烈王陵)

『조선고적도보』에 실린 무열왕릉 ⓒ국
립문화재연구원 문화유산연구지식포털

경주 무열왕릉

태종무열왕(太宗武烈王, 이하 무열왕 재위 654~661)은 진지왕의 아들 이찬
용춘(龍春)과 진평왕의 딸 천명부인(天明夫人)의 소생으로, 이름은 춘추(春
秋)다. 마지막 성골이었던 진덕여왕이 세상을 떠난 뒤, 알천(閼川)이 양보
하는 방식으로 춘추가 왕위에 올랐다. 무열왕은 즉위 후 아버지 용춘을
문흥대왕(文興大王)으로, 어머니를 문정태후(文貞太后)로 추봉했다. 이는 신
라 역사에서 처음 나타난 추봉대왕이라는 점이 주목된다. 또한, 신문왕
때부터 본격화된 오묘제(五廟制)는 무열왕계의 안정적인 왕위 계승과 정
치적 안정을 보여준다. 즉, 추봉대왕제와 오묘제는 기존 골품제에서 성
골의 지위를 대신할 새로운 권위의 창출로 해석된다.[171]

무열왕이 왕위에 오르자 당나라는 사신을 보내 신라왕[172]으로 봉했으
며, 이후 신라와 당의 관계는 더욱 밀착되었다. 그럴 수밖에 없는 것이
당시 고구려와 백제, 말갈이 연합해 신라의 북쪽 변경을 공격했고, 신라

는 33개 성(城)을 빼앗겼다. 또한 659년에는 백제가 신라 변경을 공격해 위기에 빠져 있었다. 이를 타개하기 위해 신라가 할 수 있는 일은 당에 위급함을 알리고, 구원을 요청해 반전을 꾀하는 것뿐이었다. 하지만

백제 오천결사대 출전상(부여)

차일피일 미뤄지고 있는 파병에, 무열왕은 당나라의 군사들이 언제 오느냐며 근심하는 모습을 보였다고 한다.

마침내 660년 3월 당 고종은 소정방을 신구도행군대총관(神丘道行軍大摠管), 김인문을 부대총관(副大摠管)으로 삼아 13만의 군사를 파병했다. 이에 신라는 김유신에게 5만 군사를 주어 당나라를 지원하게 했다. 위기에 빠진 백제는 계백(階伯)에게 오천 결사대를 주어 김유신이 이끄는 5만 군사의 진격을 저지하게 했으며, 의자왕 본인은 당나라 군사를 막고자 했다. 그렇게 황산벌에서 마주한 계백의 오천 결사대가 주요 거점 세 곳을 차지한 가운데, 김유신의 군대와는 세 번 싸워 모두 이길 정도로 사기가 올라 있었다. 이에 백제의 사기를 꺾기 위해 김흠순(金欽純)[173]의 아들 반굴(盤屈)과 김품일(金品日)의 아들 관창(官昌)을 전장으로 보내 싸우게 했다. 결국 반굴과 관창은 백

논산 傳 계백의 묘

예식진 묘지명과 개석 탁본. 해당 지석과 함께 손자인 예인수(禰仁秀)의 지석을 통해 예식진이 의자왕을 잡아 항복한 사실을 알 수 있다.

제군에 의해 죽게 되고, 이후 분기탱천한 신라군에 의해 계백의 오천 결사대는 순절했다.

또한 소정방이 이끄는 당군은 기벌포(伎伐浦)에서 백제군과 싸워 승리를 거두었고, 당과의 화의 시도가 불발되자 660년 7월 13일, 의자왕은 웅진성(熊津城)으로 도망쳐야 했다. 결국 사비성이 함락되면서 부여융(扶餘隆)과 대좌평 천복(千福) 등이 항복했고, 이때 법민은 부여융을 무릎 꿇린 뒤 침을 뱉으며 꾸짖었다.[174] 한편 웅진성으로 피신한 의자왕은 웅진방령 예식(禰寔, 예식진禰寔進)의 배반과 함께 붙잡혀 항복했고, 8월 2일에는 나당군사동맹의 승전 주연에서 술을 따르는 모욕을 감내해야 했다. 이후 소정방은 8월 15일[175] 정림사지 오층석탑에「대당평백제국비명」을 새겼다. 의자왕을 비롯해 왕

부여 정림사지 오층석탑에 새겨진「대당평백제국비명」

족과 신하 등 93명과 백성 1만 2천 명이 당나라로 끌려갔고, 그렇게 백제는 멸망했다.

한편 백제의 멸망을 지켜본 무열왕은 661년 6월에 세상을 떠났고, 뒤를 이어 태자인 법민(法敏)이 왕위에 오르게 된다. 이가 바로 문무왕이다. 문무왕은 무열왕에게 태종(太宗)의 묘호를 올렸다.

무열왕의 장지 기록

태종무열왕릉(이하 무열왕릉)은 경상북도 경주시 서악동 842번지로, 장지 기록은 『삼국사기』에는 영경사(永敬寺) 북쪽, 『삼국유사』에는 애공사(哀公寺) 동쪽에 장사 지낸 뒤 비석을 세웠다고 했다.[176] 무열왕릉은 무덤 주인이 확실한 신라왕릉으로 인정받고 있는데, 이유는 바로 비석 때문이다. 현재 비신은 사라졌지만, 이수(螭首)에 태종무열대왕지비(太宗武烈大王

무열왕릉의 원경

이수에 새겨진 태종무열대왕지비(太宗武烈大王
之碑)

之碑)가 새겨져 있어 무열왕릉으로 고증된 것이다. 『고운당필기』를 보면 태종왕의 비가 부의 서쪽 5리에 소재한 왕릉 앞에 있는데, 이때도 이미 비신은 없었고 귀부(龜趺)와 이수만 남아 있었던 것을 알 수 있다.[177]

앞선 법흥왕릉과 진흥왕릉, 진지왕릉 등에서 애공사와 영경사를 기준으로 왕릉이 조성되었기에 무덤 주인이 확실한 무열왕릉은 신라왕릉의 연구에 있어 기준점이 되는 중요한 왕릉이다. 지난 2020년, 무열왕릉에 제향시설이 있었는지 확인하기 위한 시굴조사가 있었는데, 무열왕과 무열왕릉비 사이에서 무덤으로 가는 신도(神道, 큰길)로 추정되는 20㎝ 내외 크기의 잡석군이 확인되었다.[178] 한편 무열왕릉을 기준으로, 뒤로는 서악동 고분군이 있고, 출입문 건너편에는 김양 묘와 김인문 묘, 서악동 귀부 등이 있다.

평생의 동지가 된 김춘추와 김유신

김춘추와 김유신은 떼려야 뗄 수 없는 사이로, 상호 보완적인 관계가 어떤 것인지 잘 보여준다. 두 사람은 각각 신분의 약점이 있었는데, 김춘추의 경우 조부(祖父)가 폐위된 진지왕이었다. 반면 김유신은 진골이었지만 가야 출신이라는 꼬리표를 달고 살아야 했다.

『삼국유사』를 보면 두 사람의 관계를 보여주는 기록이 있다. 642년, 백제의 공격으로 대야성이 함락된 뒤 딸인 고타소가 죽자 복수심에 불탄 김춘추는 고구려의 힘을 빌려 백제를 치고자 담판을 짓기 위해 고구려로 갔다. 그런데 출발 전 김유신을 만난 김춘추는 고구려로 가는 것이 위험

하고, 돌아오지 못하는 길이 될 수도 있다고 염려했다. 이 말을 들은 김유신은 김춘추가 돌아오지 못하면 반드시 군사를 일으켜 보복하겠다고 했고, 이에 김춘추가 감격해 서로 손가락을 깨물어 피를 내어 마시며 맹세를 했다는 것이다.[179]

김춘추와 김유신은 사돈 관계로 이어졌는데, 김춘추에게 김유신은 매제이자 사위였다. 『삼국유사』에는 언니의 꿈을 산 문희의 이야기[180]를 비롯하여, 김유신이 공을 차던 김춘추의 옷고름을 일부러 떨어뜨린 뒤 문희로 하여금 바느질하게 하는 방식으로 두 사람의 만남을 유도했다고 쓰여 있다. 그렇게 김춘추와 문희는 서로 사랑하게 되었다. 이후 문희가 임신하자, 김유신은 모르는 척 부모님 몰래 임신했다며 불에 태워 죽이려는 시늉을 했고, 이를 서라벌 곳곳에 소문내었다. 이후 선덕여왕[181]이 남산으로 행차할 때에 맞춰 불을 피우고, 멀리 연기가 올라오는 것을 본 선덕여왕이 자초지종을 확인한 뒤 김춘추에게 일을 수습하게 했다.[182] 그렇게 김춘추와 문희가 혼인하면서 두 신흥 세력의 결합으로 이어졌다.[183]

황성공원에 있는 김유신 동상 ⓒ김환대

경주 통일전에 봉안된 무열왕·문무왕·김유신의 영정 ⓒ김환대

화성 금산사(金山祠)와 경주 서악서원(西岳書院), 김유신·설총·최치원의 위패를 봉안하고 있다.

훗날 김춘추는 왕위에 올라 무열왕이 되었고, 문희는 문명왕후(文明王后)가 되었다. 무열왕과 문명왕후의 맏아들 법민(法敏)은 훗날 왕위에 올라 문무왕이 되는데, 『삼국유사』의 「가락국기」를 보면, 문무왕이 수로왕을 언급하며 본인에게 있어 15대 시조가 된다는 말을 했다. 그러면서 종묘와 합사해 제사를 지내도록 조치했다.[184] 이밖에 무열왕과 문명왕후의 소생인 지소부인(智炤夫人)이 외삼촌 김유신과 근친혼을 했는데, 이는 김춘추와 김유신이 서로에게 어떤 존재였는지 여실히 보여주는 사례라고 할 수 있다.

당교사적지

경상북도 상주시 함창읍 대조리 5-5번지에 있는 윤직교차로에는 당교사적지와 관련한 표석이 있다. 지금처럼 도로가 생기기 전, 이곳에는 당교(唐橋)가 있었다. 일연은 『신라고전』의 내용을 인용하였다. 소정방이 고구려와 백제 두 나라를 토벌하고 난 뒤, 신라마저 공격하기 위해 이곳에 머물 때 김유신이 당나라 군사를 독살해 묻은 땅을 당교(唐橋)라 불렀다

는 것이다.[185] 『신증동국여지승람』함
창현 기록을 보면, 현 북쪽 6리에 있
다는 점과 『신라고기』를 인용해 김유
신이 잔치를 베풀어 소정방과 당나
라 군사들을 취하게 한 뒤, 모두 죽
여 묻은 장소기에 당교(唐橋)라 부른
것을 알 수 있다.[186]

윤직교차로, 과거 당교가 있던 곳으로, 지금
은 당교사적지 표석이 세워져 있다.

문경시청에 있는 당교사적비를 보
면 당교의 옛 이름을 떼다리라고 부
른 것을 알 수 있다. 과거 청나라를
비롯한 북방 민족을 비하하는 의미에서 되놈이라 불렀고, 되놈이 변형
되어 떼놈이 된 것이다. 이후 떼놈은 중국인을 비하하는 의미로 사용되
었다. 그렇다면 정말 김유신은 소정방을 죽인 뒤 당교에 묻었던 것일까?
이와 관련해 일연은 "이때(임술년, 662) 소정방을 죽였다면 어떻게 총장 무
진년(668)에 군사를 청해 고구려를 멸망시킬 수 있었겠냐."며, 근거 없음
을 주장하고 있다. 실제 『구당서』 소정방 열전을 보면, 소정방은 667년
(건봉 2)에 세상을 떠난 것으로 기록되어 있다.

당교사적비

662년이면 고구려가 멸망하지 않
았을 때인데, 소정방의 살해와 같은
일이 일어났다면 당나라와 신라 간
에 파열음이 날 수밖에 없다. 따라서
당시의 시대적 분위기를 고려했을
때, 이러한 전승은 나당전쟁으로
이어지는 과정에서 당나라 군
대를 몰살해 당교에 묻었거나

나당전쟁의 승리 과정에서 윤색된 이야기일 가능성이 높다.

02   문무왕릉(文武王陵)

경주 문무왕릉

문무왕(文武王, 재위 661~681)은 무열왕과 문명왕후(文明王后)의 소생으로, 이름은 법민(法敏)이다. 왕비는 자의왕후(慈儀王后)로, 654년 태자로 책봉되었고 이후 백제 정벌 과정에서 공을 세웠다. 661년 무열왕이 세상을 떠난 뒤 왕위에 오른 문무왕은, 당으로부터 신라왕[187] 봉해졌다.

취리산 회맹의 흔적, 제라회맹단지(공주)

당 유인원 기공비(부여)

662년, 탐라국(耽羅國)[188]의 군주인 도동음률(徒冬音律)이 신라에 항복했다. 이 무렵부터 신라와 당의 관계는 틀어지기 시작했다. 당이 신라를 계림대도독부(鷄林大都督府)로 삼고, 문무왕을 계림주대도독(鷄林州大都督)으로 삼겠다고 통보했기 때문이었다. 명백히 신라의 독립성을 침해하는 행위였다.

이는 665년에 있었던 취리산 회맹을 통해 더욱 구체화되었다. 당의 칙사인 유인원(劉仁願)은 웅진도독부의 수장인 부여융과 문무왕을 웅진으로 소환한 뒤, 취리산에서 회맹 의식을 맺었다. 취리산 회맹은 당나라의 중재 하에 부여융과 문무왕이 서로 다투지 말고 잘 지내라는 일종의 화친 목적을 깔고 있다. 이게 왜 문제냐면, 애초 당나라는 백제와 고구려를 멸망시키면 평양 이남의 땅을 신라의 영토로 인정한다고 동의했기 때문이다.

그런데 막상 백제가 멸망하자 당은 태도를 바꿨다. 웅진도독부의 수장으로 부여융을 임명했는데, 이는 신라의 입장에서 보면 기껏 백제를 멸망시켰더니 또 다른 백제가 출현한 것과 다르지 않았다. 그것도 자신이 무릎 꿇리고 침까지 뱉어 모욕을 준 상대 부여융과의 회맹은 큰 모욕이나 마찬가지였다.

그럼에도 대외적으로 고구려가 남아 있는 데다, 신라와 당의 국력 차이가 컸기에 한발 물러날 수밖에 없었다. 이때부터 문무왕은 현 상황이 신라의 안전에 위협이 되고 있다는 점을 인식하고, 장래에 당과의 전쟁

부여 가림성(加林城), 성흥산성으로도 불린다.

을 피할 수 없음을 인지했던 것으로 보인다. 예상대로 668년 고구려가 멸망한 뒤 당은 신라를 집어삼키려는 야욕을 숨기지 않았고, 이에 문무왕은 670년 3월, 신라의 사찬 설오유(薛烏儒)와 고구려 태대형 고연무(高延武)가 각각 1만의 군사로 압록강(鴨淥江)을 건너 요동으로 진격해 승리를 거두었다.

이렇게 나당전쟁의 서막이 올랐던 것이다. 이어 671년 신라는 웅진 남쪽을 침공하고, 장군 죽지(竹旨)를 보내 가림성(加林城)[189]을 공격했으나 성을 함락시키지는 못했다. 이 같은 행위에 당나라의 행군 총관 설인귀(薛仁貴)가 조서를 보내 문무왕을 비난했다. 이에 문무왕은 답서를 통해 태종이 조칙을 내려 두 나라를 평정하면 평양 이남의 백제 토지를 신라에 준다고 한 말을 어긴 것을 비판했다.

결국 같은 해 문무왕은 옛 백제의 영토를 점령했고, 소부리주(所夫里州)를 설치한 뒤 아찬 진왕(眞王)을 도독으로 삼았다. 하지만 가만히 있을 당이 아니었다. 672년 8월, 당은 석문(石門) 전투에서 대승을 거두었고, 이에 다급해진 신라는 붙잡아둔 당 측 인사와 함께 사죄사를 보내며 바짝 엎드렸다. 하지만 이는 어디까지나 기만술이었다. 그럼에도 신라를 지탱했던 김유신이 673년 세상을 떠나며 위기는 한층 가속되었고, 아찬 대토(大吐)의 반역이 있는 등 뒤숭숭한 분위기가 조성되었다. 이때 당은 문무왕의 동생 김인문을 계림주대도독개부의동삼사(雞林州大都督開府儀同三司)[190]로 봉하고, 유인궤를 계림도대총관(雞林道大摠管)으로 삼아 신라 토벌을 시도했다. 이에 문무왕은 기존 성의 증축과 신규 축성 등을 통해 방어망을 정비했고, 674년, 고구려 보장왕의 서자[191]로 알려진 안승(安勝)을 보덕왕(報德王)으로 삼았다.[192] 또한 서형산 아래와 영묘사 앞길에서 군대를 사열하고, 아찬 설수진(薛秀眞)의 육진병법(六陣兵法)을 관람하는 등 결의를 다졌다.[193]

이러한 나당전쟁의 승부는 675~676년 사이에 결정됐다. 675년 9월 29일, 매초성(買肖城) 전투에서 이근행(李謹行)이 이끄는 당나라 군사 20만과 싸워 대승을 거두었다. 이때 신라가 획득한 말이 무려 3만 3백8십 필이었을 정도로 대승이었다. 이어 676년 11월, 기벌포(伎伐浦)[194] 해전에서도 신라가 승리하며 당나라 군사 4천여 명의 목을 베

익산토성. 보덕국의 치소로 추정된다.

었다고 한다. 결국 두 전투에서 패배한 당나라는 이 땅에서 물러날 수밖에 없었다. 힘의 균형으로만 보자면 나당전쟁은 신라가 불리한 위치에 있었다. 하지만 신라는 기민한 대처를 했다. 679년 문무왕은 호국사찰인 사천왕사(四天王寺)를 조성하는 등, 영토수호의 의지를 굽히지 않았다.

또한 당나라 서쪽에 있던 토번의 세력이 커지고 있는 데다, 매초성 전투와 기벌포 해전에서의 연이은 승리는 나당전쟁을 종결짓는 데 결정적인 역할을 했다. 이러한 흐름 속에 나당전쟁에서의 승리로 인해 평양 이남은 신라의 영토로 남을 수 있었다.

한편 백제와 고구려를 멸망시킨 뒤 설치했던 웅진도독부는 신라에 의해 점령되었고, 평양에 있던 안동도호

경주 무장사지 삼층석탑 ⓒ김환대

부(安東都護府) 역시 요동으로 옮기게 된다. 그리고 698년 고구려의 유민인 대조영(大祚榮)이 동모산에서 발해를 건국하면서, 한국사는 남·북국시대를 맞게 된다. 이처럼 문무왕은 삼한일통을 이룬 명군으로, 그의 재위기간은 고구려의 멸망과 나당전쟁의 종결이라는

무장사 아미타불 조상 사적비. 『삼국유사』 무장사 미타전(鍪藏寺 彌陀殿)을 보면 태종(太宗)[195] 이 삼국을 통일한 뒤 병기와 투구를 묻었다 해서 무장사(鍪藏寺)로 불렸다고 한다.[196] ⓒ김환대

역사적 사건으로 점철되었다. 681년 7월 1일, 문무왕이 세상을 떠났고, 뒤를 이어 태자가 왕위에 올랐다. 이가 바로 신문왕(神文王)이다.

문무왕의 장지 기록

문무왕릉은 경상북도 경주시 문무대왕면 봉길리 30-1번지로, 장지 기록은 『삼국사기』에 동해 어귀 큰 바다 대왕석(大王石), 『삼국유사』는 동해 바다 큰 바위에 장사를 지낸 것으로 확인된다. 대왕암을 중심으로 문무왕과 관련 깊은 감은사지와 이견대 등이 있어 이곳이 문무왕릉인 것은 확실하다. 다만 장례 방법에 있어 시신을 묻는 형태가 아닌 화장한 뒤 산골한 것으로 추정된다.

경주 감은사지

감은사(感恩寺)는 681년에 창건된 문무왕의 원찰(願刹)[197]이다. 『삼국유사』를 보면 감은사는 용이 된 문무왕이 드나들 수 있는 용혈이 있고, 금

당(金堂) 아래에 용이 된 문무왕이 머물 수 있는 구조라고 했는데, 이는 현 감은사 금당지와 정확하게 일치하고 있다. 또한, 금당지 앞쪽으로는 감은사지 삼층석탑 두 기가 자리하고 있으며, 『삼국유사』를 보면 만파식적을 얻으러 행차했던 신문왕이 머문 장소 역시 감

경주 감은사지

은사다. 과거에는 감은사 앞까지 바닷물이 들어왔는데, 지금도 선착장으로 추정되는 흔적이 남아 있다. 이밖에 감은사 명문 기와가 출토된 바 있으며, 인근의 대왕암과 이견대의 존재는 이곳이 감은사라는 사실을 말해주고 있다.

감은사지 금당지

감은사지 삼층석탑

선착장으로 추정되는 흔적

용혈

만파식적과 이견대

『삼국유사』를 보면 682년 5월 초하루, 신문왕은 동해 가운데 작은 산이 감은사 쪽으로 내려왔다는 보고를 받게 된다. 이에 천문을 담당하는 관리인 김춘질(金春質)을 불러 점을 치게 하니, 용이 된 선왕과 김유신이 보물을 내린다고 하였다. 신문왕은 기뻐하며 이견대(利見臺)로 행차했다.

신문왕 호국행차 길

도착해 보니, 산속 한 줄기 대나무가 낮에는 둘이 되고, 밤에는 하나가 되는 기이한 모습을 보았는데, 이 대나무로 만든 것이 바로 만파식적(萬波息笛)[198]이다. 조선시대의 기록인 『세종실록지리지』와 『신증동국여지승람』에는 이견대가 대왕암이 보이는 곳에 있다고 했는데, 이는 당시에도 대왕암의 존재가 알려졌음을 뜻한다.

이견대. 현 모습은 1979년에 복원한 것이다.

이견대와 문무왕릉

능지탑지

능지탑지(陵只塔址)는 경상북도 경주시 배반동 621-3번지로, 문무왕의 유해를 화장한 곳이라고 알려져 있다. 발견 당시 훼손이 진행된 상태여서 능지탑의 원형을 알기는 어렵다. 발굴 조사 결과 소조불상의 파편이 출토되었으며, 탱석에는 십이지신상이 새겨져 있다. 한편 傳 황복사지와

능지탑지

복원 후 남은 석재와 추정 건물지

동편 폐고분지에 대한 발굴 조사 결과, 능지탑의 십이지신상 중 평복 십이지신상(寅)만 傳 황복사지 십이지신상에서 옮겨온 것으로 추정된다. 또한, 8기의 무복 십이지신상은 동편 폐고분지에서 옮겨온 것으로 확인되었다.[199] 이는 십이지신상이 새겨진 탱석의 크기와 암질의 비교 분석을 통해 고증된 것으로, 능지탑의 십이지신상은 傳 황복사지와 동편에 있는 폐고분지 등에서 가져와 재활용한 것으로 추정된다.

능지탑의 십이지신상 중 인(寅)상. 해당 십이지신상은 傳 황복사지 십이지신상으로 확인되었으며, 나머지 십이지신상은 傳 황복사지 동편 폐고분지에서 가져온 것으로 고증되었다.

문무왕릉비

문무왕릉비는 현재 국립경주박물관에서 소장 중인데, 비석의 하단은 1961년, 상단 비편은 2009년에 발견되었다. 문무왕릉비는 현 사천왕사지 앞쪽에 있는 두 기의 귀부 중 서편 귀부에 세워진 것으로 추정되는데, 김

문무왕릉비의 하단과 상단

정희가 남긴 『해동비고』에 따르면 문무왕릉비가 선덕(여)왕릉 아래, 신문왕릉 위쪽에 있었음을 알 수 있다.[200] 유득공이 저술한 『고운당필기』에는 경주부 사람이 밭을 갈던 중 땅속에서 문무왕릉비를 발견했다고 하며, 비문의 글씨는 신라 대사(大舍) 한눌유(韓訥儒)가 쓴 것이라고 적고 있다.[201]

　그런데 문무왕릉비는 신라 김씨의 기원을 투후(秅侯)에서 찾고 있어 주목된다. 투후를 언급한 금석문은 「대당고김씨부인묘지명」[202]에서도 확인되는데, 비문에서 언급된 투후는 흉노족 출신의 김일제(金日磾)를 뜻한다. 또한 비문에는 태조 성한왕(成漢王)이 등장하는데, 투후와 성한왕 사이에는 '투후제천지윤전칠엽(秅侯祭天之胤傳七葉)'이 새겨져 있다. 유득공은 '투후제천지윤전칠엽'을 세차(世次)[203]를 서술한 것으로 인식했다. 이 경우 투후로부터 7대를 전한다는 의미로 해석되기에 비문의 문맥을 고려하면 신라 김씨

사천왕사지의 서편 귀부. 문무왕릉비가 세워졌던 것으로 추정된다.

입사대손(卄四代孫), 24대손을 뜻한다.

흥덕왕릉 비편에 새겨진 태조 성한(太祖星漢)

의 기원은 투후가 기준점이 된다. 그랬기에 앞선 김정희의『해동비고』[204]와 유득공의『고운당필기』[205]에서 신라 김씨가 김일제에서 시작한 것인지 의문을 표시했던 것이다. 정리하면 투후로부터 7대를 전한 뒤 태조 성한왕이 등장하고, 성한왕은 문무왕에게는 15대조, 흥덕왕에게는 입사대손(卄四代孫, 24대손)에 해당한다. 유득공은 성한왕[206] 김알지를 가리키는 것으로 인식했으나, 전문을 보지 못해 고증하지 않았다고 밝혔다.[207]

한편,『한원』에 인용된『괄지지』속 신라의 왕성은 김씨인데, 선조에 대해서는 자세하지 않다고 적혀 있다.[208] 그렇기에 금석문의 기록처럼 신라 김씨가 실제 흉노족의 후예일 가능성을 완전히 배제할 수 없으나, 다른 관점에서의 해석도 가능하다. 예컨대 강인욱(2021)은 '신라 김씨가 흉노를 자신들의 조상으로 언급한 것은 지배 구조의 확립에 따른 관점에서 시조를 윤색한 측면'이라고 강조한다. 즉, 고구려와 백제는 부여에서 출자한 것이라는 지배 구조가 있는 반면, 신라 김씨의 경우 지배 구조가 확

립되지 않았기에 새로운 의미의 선민의식을 확립하기 위한 것으로 보고 있다.[209]

03　　　　　　　　　　　　　　신문왕릉(神文王陵)

『조선고적도보』에 실린 신문왕릉 ⓒ국립문화재연구원 문
화유산연구지식포털

경주 신문왕릉

신문왕(神文王, 재위 681~692)은 문무왕과 자의왕후(慈儀王后)의 소생으로, 이름은 정명(政明)이다. 왕비는 소판(蘇判) 김흠돌(金欽突)의 딸로, 당 고종에 의해 신라왕으로 책봉되며 문무왕의 관작을 그대로 계승했다. 신문왕은 신라 중대 번영의 초석을 닦은 왕으로, 즉위 원년인 681년 8월, 장인 김흠돌과 파진찬 흥원(興元), 대아찬 진공(眞功) 등이 일으킨 반란을 진압했다. 이후 왕비 김씨는 궁에서 쫓겨났는데, 표면적인 이유로는 아이를 가지지 못한 것을 들었지만, 김흠돌의 난이 원인이었던 것으로 추정된다.

이에 683년, 일길찬 김흠운(金欽運)의 딸을 왕비로 맞았는데, 이가 신목왕후(神穆王后)다. 신문왕은 재위 기간 중 국학(國學, 682)을 세웠으며, 683

년 10월에는 보덕국(報德國)을 해체시켰다. 이때 보덕국왕 안승을 서라벌로 불러들여 소판 벼슬을 내렸다. 이러한 조치에 반발한 보덕국의 대문(大文) 장군이 금마저(金馬渚)에서 반란을 일으키자, 신문왕은 고구려인으로 구성된 황금서당(黃衿誓幢)[210]을 파견해 진압했다.[211] 이 무렵 신라의 군부는 구서당으로 재편되어 있었는데, 내용은 다음 표와 같다.

표 17. 신라의 구서당[212]

순번	서당 명칭	만든 시기	구성인	색깔
1	녹금서당 (綠衿誓幢)	583년 (진평왕 5) 35년 명칭 변경	–	녹자색
2	자금서당 (紫衿誓幢)	625년 (진평왕 47) 677년 (문무왕 17) 명칭 변경	–	자녹색
3	백금서당 (白衿誓幢)	672년 (문무왕 12)	백제	백청색
4	비금서당 (緋衿誓幢)	672년 (문무왕 12) 693년 (효소왕 2) 명칭 변경	–	–
5	황금서당 (黃衿誓幢)	683년 (신문왕 3)	고구려	황적색
6	흑금서당 (黑衿誓幢)	683년 (신문왕 3)	말갈국	흑적색
7	벽금서당 (碧衿誓幢)	686년 (신문왕 6)	보덕국	벽황색

| 8 | 적금서당
(赤衿誓幢) | 686년
(신문왕 6) | 보덕국 | 적흑색 |
| 9 | 청금서당
(靑衿誓幢) | 687년
(신문왕 7) | 백제 | 청백색 |

또한 전국의 행정구역을 9주 5소경으로 조직(685)했으며, 신라의 오묘제(五廟制)[213]도 신문왕 때부터 확립되었다. 689년에는 녹읍(祿邑)을 폐지하는 대신 급여 형태의 관료전(官僚田)으로 바뀌었다. 이러한 일련의 조치들을 통해 귀족들의 힘을 약화시키고, 왕권을 강화했다.

한편 신문왕은 달구벌(達句伐)[214]로의 천도를 계획했으나 반대에 부딪혀 실현되지는 못했다.[215] 692년에는 당나라에서 무열왕의 묘호가 태종(太宗)인 것에 문제를 제기하는 사신을 보내며 이를 고치도록 압박했으나, 신

대구 달성. 신문왕은 달구벌(達句伐)로 천도로 계획했으나 실현되지는 못했다.

문왕은 거부했다. 신문왕의 재위 기간은 신라에 있어 매우 중요한 시기였다. 당시 신라가 나당전쟁에서 승리했다고는 하지만, 전 국토가 완벽하게 통제되는 것은 아니었다. 전쟁을 거치는 동안 귀족과 공신 등의 세력은 비대해졌고, 당과의 관계 역시 앙금이 남아 있는 상태였다. 이러한 상황에서 신문왕은 귀족 세력의 힘을 억누르고 왕권을 강화했는데, 녹읍의 폐지와 9주 5소경 조직, 달구벌 천도 시도 등이 대표적이다. 그랬기

에 신라는 신문왕 대의 왕권 강화를 통해 중대의 번영을 구가할 수 있었던 것이다. 그렇게 재위에 오른 지 12년이 되던 692년, 신문왕은 세상을 떠났다. 뒤를 이어 맏아들인 이홍(理洪)이 왕위에 올랐는데, 이가 바로 효소왕(孝昭王)이다.

신문왕의 장지 기록

신문왕릉은 경상북도 경주시 배반동 453-1번지로, 『삼국사기』에 기록된 장지 기록은 낭산(狼山)의 동쪽이다. 하지만 현 신문왕릉은 낭산의 남쪽에 해당한다는 점과 결정적으로 효소왕의 장지 기록인 망덕사 동쪽이 현 신문왕릉의 위치와 부합하기 때문에, 이곳이 신문왕릉으로 볼 수 있는지 논란이 있다.

한편 신문왕릉은 신라왕릉의 발전 과정에서 주목해야 하는 현장으로, '무열왕릉 – 신문왕릉 – 성덕왕릉'으로의 변화 과정을 잘 보여주고 있다. 앞선 선덕여왕릉과 무열왕릉의 경우 자연석을 호석으로 두른 반면, 신문왕릉은 다듬은 호석과 함께 받침석이 조성되었다. 때문에 성덕왕릉의 전 단계로 볼 수 있으며, 받침석 중 하나에는 문(門)이 새겨져 있다. 신문

신문왕릉의 호석과 받침석

받침석에 새겨진 문(門). 어떤 의미인지는 명확하지 않으나 석실의 입구로 보는 견해가 있다.

왕릉과 관련해 그간 傳 황복사지 동편 폐고분지와 현 진평왕릉을 주목한 바 있었다. 하지만 최근의 연구 성과를 통해 傳 황복사지 동편 폐고분지가 효성왕의 가릉(假陵)[216]으로 추정되고 있다. 따라서 낭산의 동쪽에 부합하는 현 진평왕릉을 신문왕릉으로 보는 주장에 더욱 힘이 실리게 되었다.

경주 傳 황복사지 삼층석탑

傳 황복사지 삼층석탑은 경상북도 경주시 구황동 100번지로, 傳 낭산의 동쪽에 위치하고 있으며 인근에 진평왕릉이 있다. 傳 황복사지의 건물지는 대부분 땅에 묻혀 있는 상태다. 인근에 귀부 2기와 동편의 폐고분지에서 수습한 석물이 남아 있다. 다만 이곳이 정말 황복사가 맞는지에 대해서는 논란이 있다. 우선 낭산 동쪽 일대에서 발견된 것으로

傳 황복사지 삼층석탑

전해지는 평기와에 황복(皇福)과 왕복(王福)이 새겨져 있어, 현 위치가 황복사지로 비정되었다. 그러나 기와의 발견 장소가 불명확한 데다 발굴조사에서도 황복사로 볼 수 있는 명확한 근거가 나오지 않았기에, 대체로 전할 전(傳)을 붙여 傳 황복사지 혹은 구황동사지 등으로 불리고 있으며, 이 부분은 추가적인 연구가 필요하다.

황복사의 창건 날짜는 명확하지 않으나, 『삼국유사』를 통해 의상이 29

傳 황복사지 귀부

세에 황복사(皇福寺)로 출가[217][218]한 사실을 알 수 있어, 최소 진덕여왕 이전부터 사찰이 존재했음을 확인할 수 있다.

이와 관련해 주목해볼 유적이 바로 傳 황복사지 삼층석탑이다. 1942년 석탑을 해체·보수하는 과정에서 사리장엄구가 출토되었는데, 이 중 금동제 사리외함의 뚜껑 안쪽에 명문이 새겨져 있었다. 명문의 내용 중 일부는 다음과 같다.

> 신문대왕이 오계(五戒)로 세상에 응하고 십선(十善)으로 백성을 다스려 통치를 안정하고 공을 이루고는 천수 3년(692) 임진년 7월 2일에 돌아갔다. 신목태후와 효조대왕이 받들어 종묘의 신성한 영령을 위해 선원가람에 삼층석탑을 세웠다.[219]

위의 명문을 보면 692년에 세상을 떠난 신문왕의 명복을 빌기 위해 석탑 건립을 시작했고, 건립 주체는 신목태후와 효소왕이었다. 하지만 석탑 공사 중 신목태후(700)와 효소왕(702)이 세상을 떠났고, 성덕왕 때인 706년에서야 비로소 완공되었다. 이때 부처 사리 4과, 순금제 미타상,

傳 황복사지 출토 금동제 사리외함 뚜껑 명문

무구정광대다라니경 1권을 석탑의 둘째 층에 안치했다고 한다.[220] 정리해보면 황복사는 진덕여왕 이전에도 존재했던 것으로 보이며, 효소왕 때 이르러 종묘와 관련 있는 사찰로 변화했음을 보여준다. 이밖에 현 진평왕릉의 위치를 고려했을 때 傳 황복사지와의 연관성이 주목된다.

04　　　　　　효소왕릉(孝昭王陵)

효소왕(孝昭王, 재위 692~ 702)은 신문왕과 신목왕후(神穆王后)의 소생으로, 이름은 이홍(理洪)이다. 당나라의 측천무후(則天武后)는 효소왕을 신라왕[221]으로 봉했는데, 즉위 당시 나이는 불과 6살이었다. 때문에 직접적인 정치 참여보다는 아찬 원선(元宣, 692), 이

경주 효소왕릉

찬 당원(幢元, 696), 대아찬 순원(順元, 698) 등을 중시(中侍)로 삼고, 694년 문영(文穎)을 상대등으로 삼아 국정을 다스렸다.

같은 해에 김인문이 당나
라에서 세상을 떠났다. 김
인문은 무열왕의 둘째 아들
로, 당나라에서 숙위(宿衛)[222]
하며 사실상 인질이자 외교
관의 삶을 살았다. 김인문은
660년 백제 멸망 당시 신구
도부대총관(神丘道副大摠官)으

김인문 묘

로 임명되었는데, 당나라 군대 내 유일한 신라인이었다. 그랬던 김인문
이 세상을 떠난 것이다. 이후 김인문의 시신은 당나라에서 호송되었고,
효소왕은 김인문을 태대각간(太大角干)으로 추증한 뒤 서울의 서쪽 언덕에
장사 지냈다.

한편 송악(松岳)과 우잠(牛岑)[223]에 성을 수축했으며, 695년에는 서라벌에
서시전(西市典)과 남시전(南市典) 등의 시장을 설치했다. 외교와 관련한 기
록 중 698년 3월에 일본에서 사신이 왔는데, 이때 효소왕이 숭례전(崇禮

경주 동궁과 월지. 효소왕은 697년 9월에 임해전(臨海殿)에서 잔치를 베풀었다.

殿)에서 사신을 접견했다는 이야기가 있다. 그렇게 재위를 이어가던 효소 왕은 702년에 세상을 떠났고, 뒤를 이어 동생 흥광(興光)이 왕위에 오르 게 되었다. 이가 바로 성덕왕(聖德王)이다.

효소왕의 장지 기록

효소왕릉은 경상북도 경주시 조양동 산8번지로, 장지 기록은 『삼국사 기』와 『삼국유사』에서 공통적으로 확인되는 망덕사(望德寺) 동쪽이다.[224] 망덕사는 사천왕사지의 남쪽에 있는데, 현 효소왕릉은 망덕사지까지는 대략 4.7㎞ 정도 떨어져 있다. 따라서 기록과 현장을 고려할 때 망덕사 동쪽에 있는 왕릉이라면 현 신문왕릉일 수밖에 없다.

또한, 왕릉의 발전 과정을 보면 현 신문왕릉은 성덕왕릉의 전 단계로 추정되는데, 성덕왕릉보다 빠르면서, 문무왕릉보다는 늦은 왕릉이라면 신문왕릉과 효소왕릉밖에 없다. 때문에 ▶현 진평왕릉＝신문왕릉 ▶현 신 문왕릉＝효소왕릉으로 봐야 한다는 견해가 설득력을 얻는다.

망덕사지 당간지주

경주 망덕사지

경주 망덕사지

망덕사지(望德寺址)는 사천왕사지의 남쪽에 있는데, 『삼국유사』에 망덕 사의 창건과 관련한 기록이 남아 있다. 이야기의 요지는 나당전쟁 이후 신라와 당이 화해하고 교류하던 중, 당 황제가 사천왕사의 존재에 대해 알게 되었다. 사천왕사는 문무왕 때 나당전쟁을 수행하며 건립한 호국사 찰이었기에, 당과의 외교적 마찰을 우려한 신라 조정에서 당 황제를 위 한 사찰이라고 거짓말한다. 이를 믿지 않은 당 황제가 진위 여부를 알고 자 사신을 보냈고, 신라 조정은 고민 끝에 사천왕사 남쪽에 새로운 절을 만들어 사천왕사라고 우겼다. 하지만 눈치 있던 사신은 사천왕사가 아니 라며 버텼고, 이에 사신을 금으로 매수해 당으로 귀환하게 했다. 결국, 사신이 사천왕사는 당 황제의 만수를 비는 곳이라 보고를 올리며 끝이 났다. 이 일이 있고 난 뒤, 새로 지은 사찰의 이름을 망덕사라 불렀다고 한다.

한편 798년(원성왕 14, 소성왕 원년), 망덕사의 두 탑이 부딪혔다는 기록이 있어 망덕사에 두 개의 탑이 있었음을 알 수 있다.[225] 현재 망덕사지에는 보물로 지정된 당간지주와 건물지, 초석 등이 남아 있다.

05 성덕왕릉(聖德王陵)

성덕왕(聖德王, 재위 702~737)의 이름은 흥광(興光)[226]으로, 신문왕의 차남 이다. 어머니는 신목왕후(神穆王后)이며, 효소왕이 세상을 떠난 뒤 국인 (國人)들의 추대로 왕위에 올랐다.[227] 성덕왕이 즉위한 뒤 효소왕이 받았 던 칭호인 장군도독(將軍都督)의 지위를 이어받았고, 713년에는 당으로부 터 신라왕[228]으로 책봉되었다. 성덕왕에게는 두 명의 왕비가 있었는데, 성

『조선고적도보』에 실린 성덕왕릉 ⓒ국립문화재연구원
문화유산연구지식포털

경주 성덕왕릉

정왕후(成貞王后)[229]와의 사이에서 중경(重慶)[230], 소덕왕후(炤德王后)[231]와의 사이에서 승경(承慶)과 헌영(憲英, 경덕왕)을 두었다. 성덕왕이 재위한 기간은 신라 중대의 정치적 안정과 국력이 최고조에 올랐던 시기로, 여러 치적을 쌓았다.

내치에서는 722년 8월, 백성들에게 토지를 나누어주었는데 이를 정전(丁田)이라 한다. 또한 가뭄으로 기근과 흉년이 들자 백성들을 구제하기 위해 곡식과 종자를 나눠주었으며 불필요한 살생을 금지했다. 성덕왕은 신하들에게 백관잠(百官箴)을 지어 보였는데, 기록이 없어 정확히 무슨 내용인지는 알 수가 없으나 대체로 신하들에게 경계해야 할 일과 백성들에게 모범을 보일 것을 강조한 것으로 보인다.

외교적으로 보면 성덕왕 시기에 당과의 관계가 정상화되었는데, 이를 잘 보여주는 것이 당으로부터 패강(浿江) 이남의 땅을 인정받은 부분이다. 앞서 당나라는 백제와 고구려를 멸망시키면 평양 이남의 땅을 신라에 주겠다고 약속했지만 지키지 않았다. 그 때문에 나당전쟁이 촉발되었고, 이렇게 생긴 앙금이 두 나라의 관계를 가로막고 있는 형국이었다. 하지만 이 무렵 요동을 중심으로 발해가 팽창하고 있었고, 발해에 대한 견제 필요성을 느낀 당나라는 이전과 달리 신라에 우호적이었다. 이러한 분위기 속에서 패강 이남을 신라의 땅으로 인정하는 조치를 취했고, 신라와 당의 관계는 정상화되었다.[232]

한편 731년 4월에는 일본이 3백 척의 규모로 신라에 쳐들어왔으나, 장수를 보내 물리쳤다. 또한 같은 해 9월, 백관들을 적문(的門)에 모이게 한 뒤 수레 달린 쇠뇌를 쏘는 것을 관람했다. 이처럼 성덕왕이 재위한 기간은 내정과 외교, 국방 등 모든 부분에서 안정된 사회였다. 그렇게 평화로운 시대를 구가했던 성덕왕은 737년에 세상을 떠났고, 이후 소덕왕후 소생의 승경(承慶)이 왕위에 올랐다. 이가 바로 효성왕(孝成王, 재위 737~742)이다.

성덕왕의 장지 기록

성덕왕릉은 경상북도 경주시 조양동 산8번지로, 장지 기록은 『삼국사

성덕왕릉과 관검석인상   석상 형태의 십이지신상이 조성된 성덕왕릉

성덕왕릉 귀부

조선총독부 고적비(성덕왕릉 입구)

기』에는 이거사(移車寺) 남쪽, 『삼국유사』에
서는 동촌(東村) 남쪽 양장곡(楊長谷)에 있다
고 했다.[233] 실제 성덕왕릉의 북쪽에 있는
폐사지가 이거사지로 추정된다. 또한, 신라왕릉의 변화 과정 역시 이곳
이 성덕왕릉임을 입증한다. 성덕왕릉은 '신문왕릉 – 성덕왕릉 – 경덕왕'의
형태로 이어지는 과도기에 해당하며,[234] 십이지신상의 경우 성덕왕릉이
석상의 형태이나 이후 왕릉에서는 탱석에 돋을새김 방식으로 변화했다.
이밖에 당나라의 영향을 받은 관검석인상 2기와 석사자상 4기가 성덕왕
릉에 세워졌다. 이 중 석사자상 4기는 비교적 온전히 남아 있으나, 관검
석인상의 경우 1기는 상반신의 일부만 남아 있고, 또 다른 1기는 과거 목
부분이 떨어져 나가 후에 현 모습으로 복원했다. 또한 성덕왕릉에서 멀
지 않은 곳에 남아 있는 귀부를 통해, 비석이 세워졌음을 알 수 있다.

경주 이거사지

이거사지(移車寺址)는 경상북도 경주시 도지동 5-2번지로, 성덕왕릉의

경주 이거사지

위치 비정에 있어 중요한 근거가 된다. 『동사강목』을 보면 성덕왕릉이 이거사 남쪽에 있고, 이거사의 위치가 경주부 동쪽 도지곡리(都只谷里)에 있다고 했다.[235] 현재 이거사지는 석탑의 기단부와 옥개석 등의 석탑 부재 일부만 남아 있으며, 일부 탑재의 경우 염불사지 삼층석탑 인근으로 옮겨졌다. 특히, 청와대에 있는 방형대좌 석조여래좌상의 원위치가 이거사지로 추정된다는 점이 주목된다.

기단부와 옥개석

옮겨진 이거사지의 석탑 부재

성덕대왕신종

성덕대왕신종은 에밀레종 설화로도 유명한데, 종에 새겨진 명문을 통해 771년 12월 14일에 제작된 것과 만들게 된 배경을 알 수 있다. 성덕왕이 승하한 지 34년이 되던 해, 경덕왕은 아버지의 명복을 빌기 위해 구리 12만 근을 들여 한길이나 되는 종 한 구를 만들려고 했다. 하지만 종이 완성되기 전에 경덕왕은 세상을 떠났고, 이에 종은 혜공왕 7년(771)에

성덕대왕신종

완성될 수 있었다.

성덕대왕신종에 새겨진 명문을 통해 혜공왕 대의 정치적 상황을 알 수 있다. 8살의 어린 나이에 왕위에 오른 혜공왕은 왕권을 제대로 행사하지 못했고, 그의 어머니 태후(만월부인)와 왕의 외숙 원구(元舅, 김옹)[236]가 정국을 주도했다. 이를 보여주듯 『삼국사기』에는 유독 반란과 관련한 기사가 많다.

768년에는 일길찬 대공(大恭)과 그의 동생 아찬 대렴(大廉)이 반란을 일으켜 33일간 왕궁을 포위하기도 했다. 또한 770년은 대아찬 김융(金融)이 반란을 일으켜 사형에 처할 만큼 혼란스러웠던 시기였다. 그렇기에 771년에 만들어진 성덕대왕신종은 할아버지 성덕대왕의 위업을 찬양하는 동시에 정국을 주도했던 태후와 원구 등, 정치적 선전의 장으로 활용했음을 알 수 있다.

성덕대왕신종은 최초 봉덕사(奉德寺)에 있었는데, 『신증동국여지승람』에는 봉덕사종(奉德寺鍾)으로 기록되어 있다. 하지만 북천(北川)의 범람으로 인해 1460년(세조 6), 종을 영묘사(靈妙寺)로 옮겨 달았다. 이후로도 종은 여러 번의 이동 과정을 거치는데, 현 봉황대로 옮겨져 종을 치는 용도

성덕대왕신종에 새겨진 명문

비천상

로 사용되다가 일제강점기 때 경주 부립박물관(현 경주문화원)으로 옮겨졌다. 당시 종을 보관했던 장소가 지금도 남아 있으며, 1975년 현 국립경주박물관으로 최종 이전했다. 성덕대왕신종은 우리나라 종 가운데 가장 뛰어난 종으로 평가되고 있으며, 특히 아름다움과 화려함을 겸비한 비천상의 모습은 보는 이로 하여금 탄성을 자아내게 한다. 지금은 종의 보존을 위해 타종을 하

지 않고, 미리 녹음된 종소리를 틀어주고 있다. 성덕대왕신종명에는 이러한 종의 모습과 관련해 "형상은 산악이 우뚝 서 있는 듯하고, 소리는 용이 울부짖는 것 같았다."라고 표현하고 있으며, 『신증동국여지승람』은 그 소리가 백여 리까지 갔다고 전하고 있다.

경주문화원에 있는 성덕대왕신종이 있던 자리 ⓒ김환대

효성왕의 가릉(假陵)

傳 황복사지 동편에 있는 폐고분지(구황동 왕릉지)에서 왕릉 관련 석재가 출토되어 주목받았다.[237] 이 중 눈길을 끄는 것은 미완성 석재로, 최초 왕

릉으로 조성되던 현장이 어떤 이유로 인해 중단되고, 남은 석물들이 방치 혹은 재활용되었음을 의미한다. 이와 함께 기존에는 구황동 왕릉지의 십이지신상을 옮겨 傳 황복사지의 건물지에 재활용한 것으로 보는 견해가 많았다. 그러나 이번 발굴 조사를 통해

傳 황복사지 동편 폐고분지. 효성왕의 가릉으로 추정된다.

傳 황복사지 십이지신상이 폐고분지의 탱석 크기와 암질이 다른 것이 확인되었다.[238] 오히려 능지탑의 십이지신상이 구황동 왕릉지의 탱석과 유사성을 보이고 있어, 폐고분지에서 옮겨온 것으로 추정된다. 따라서 傳 황복사지 기단에서 확인된 십이지신상은 폐고분지가 아닌 다른 장소에서 옮겨온 것으로 봐야 한다.[239]

현재 傳 황복사지 동편에 있는 폐고분지는 임시로 정비되어 있는데, 출토된 갑석과 지대석, 탱석과 면석, 미완성 석재 등이 자리하고 있다. 이와 관련해 폐고분지를 효성왕의 가릉(假陵)[240]으로 보는 견해가 있다. 신

지대석과 탱석. 면석

미완성 석재

라왕릉의 십이지신상 비교를 통해 현 경덕왕릉보다 앞선 시기의 왕릉으로 보고 있고, 미완성 석재를 통해 최초 왕릉을 조성하던 중 어떠한 이유로 인해 공사가 중단된 것으로 추정된다. 이 경우 효성왕(孝成王, 재위 737~742)일 가능성이 있다. 『삼국사기』를 보면 효성왕은 742년 5월에 세상을 떠났는데, 이때 시신을 법류사(法流寺) 남쪽에서 화장한 뒤 동해 바다에 산골한 것으로 확인되기 때문이다.

06 경덕왕릉(景德王陵)

경덕왕(景德王, 재위 742~765)은 성덕왕과 소덕왕후(炤德王后)의 소생으로,

경덕왕릉으로 가는 길

『조선고적도보』에 실린 경덕왕릉 ⓒ국립문화재연구원
문화유산연구지식포털

경주 경덕왕릉

이름은 헌영(憲英)이다. 친형인 효성왕이 세상을 떠난 뒤 왕위에 올랐다.
즉위 후 당으로부터 효성왕의 왕호와 관직을 그대로 이어받았다.[241] 원래
경덕왕의 왕비는 이찬(伊飡) 김순정(金順貞)의 딸로, 『삼국유사』에서는 폐
위되어 사량부인(沙梁夫人)으로 봉했다고 한다. 이후 743년 4월에 서불한
(舒弗邯) 김의충(金義忠)의 딸을 새로운 왕비로 삼았는데, 바로 만월부인(滿
月夫人)이다. 사량부인이 쫓겨난 이유는 아들을 낳지 못했기 때문이다.

　『삼국유사』를 보면, 경덕왕이 아들을 얼마나 소망했는지 알 수 있는 일
화가 있다. 경덕왕이 표훈대덕을 불러 아들을 얻기를 소망하자, 표훈대
덕이 천제와 오가며 딸은 되지만 아들은 안된다고 전했다. 이에 경덕왕
이 딸을 아들로 바꾸어 달라고 했고, 표현대덕은 천제의 말을 전하며 아
들로 바꾸면 나라가 위태로워진다고 경고했다. 그럼에도 경덕왕은 포기
하지 않고 아들로 바꾸어 줄 것을 요구한 결과 만월부인에게서 건운(乾
運)이 태어났다. 경덕왕은 아들이 태어난 것을 크게 기뻐했고, 760년 7월
에 왕태자로 삼았다. 한편 경덕왕 때 행정구역의 개편(757)이 있었는데,
내용은 다음 표와 같다.

표 18. 경덕왕 때 개편된 9주 5소경

순번	개편 전	개편 후	현 지명	소경	현지명	군현
1	사벌주 (沙伐州)	상주 (尙州)	경북 상주	–	–	10군 30현
2	삽량주 (歃良州)	양주 (良州)	경남 양산	금관경 (金官京)	경남 김해	12군 34현
3	청주 (菁州)	강주 (康州)	경남 진주	–	–	11군 27현
4	한산주 (漢山州)	한주 (漢州)	경기 광주	중원경 (中原京)	충북 충주	27군 46현
5	수약주 (水若州)	삭주 (朔州)	강원 춘천	북원경 (北原京)	강원 원주	11군 27현
6	웅천주 (熊川州)	웅주 (熊州)	충남 공주	서원경 (西原京)	충북 청주	13군 29현
7	하서주 (河西州)	명주 (溟州)	강원 강릉	–	–	9군 25현
8	완산주 (完山州)	전주 (全州)	전북 전주	남원경 (南原京)	전남 남원	10군 31현
9	무진주 (武珍州)	무주 (武州)	광주시	–	–	14군 44현

이밖에 757년 3월, 신문왕 때 폐지했던 녹읍(祿邑)이 부활했으며, 경주의 대표적인 유적지인 불국사(佛國寺)와 석굴암(石窟庵)의 공사가 시작되었다.[242]

외교에서는 당과의 친선 관계를 잘 유지하는 한편, 일본과의 관계에서는 눈에 띄는 기록이 있다. 경덕왕의 즉위 원년인 742년에 일본에서 사신을 보냈지만 받아들이지 않았고, 이후 757년 또 한 차례의 사신을 보내왔지만 무례하다는 이유로 만나주지도 않았다. 이러한 행동은 외교적으로 문제가 될 수 있기에 힘의 우위가 없다면 있을 수 없는 행위였다.

경주 불국사(佛國寺)

『조선고적도보』에 실린 석굴암(石窟庵)
ⓒ국립문화재연구원 문화유산연구지식포털

여러 치적을 남긴 경덕왕은 765년에 세상을 떠났다. 이후 태자 건운이 왕위에 오르게 되었고, 이가 바로 혜공왕(惠恭王, 재위 765~780)이다. 하지만 표훈대덕의 예언처럼 혜공왕이 즉위한 뒤 신라는 혼란에 빠지게 된다. 혜공왕이 즉위할 당시 나이가 어렸기에 어머니 만월부인이 섭정을 하고, 외숙 원구 등이 주도해 정국을 끌고 갔다. 하지만 잇따른 반란으로 혜공왕의 정치적 리더십은 손상을 입은 상태였고, 불안정은 높아져 갔다.

그러던 중, 780년에 이찬 김지정(金志貞)이 반란을 일으켜 혜공왕과 만월부인이 시해됐다. 이후 상대등 김양상(金良相)과 이찬 김경신(金敬信, 원성왕)이 김지정의 반란을 진압했고, 김양상이 왕위에 오르게 되었다. 이가 바로 선덕왕(宣德王, 재위 780~785)이다. 선덕왕은 내물왕의 10대손으로, 혜공왕의 피살은 무열왕계의 단절을 의미한다. 또한, 시기를 구분하는 데 있어 신라 중대가 끝났음을 알리는 상징적인 사건이기도 하다.

경덕왕의 장지 기록

경덕왕릉은 경상북도 경주시 내남면 부지리 산8번지로, 장지 기록은

경덕왕릉

『삼국사기』에는 모지사(毛祇寺) 서쪽 언덕, 『삼국유사』에는 경지사(頃只寺)의 서쪽 봉우리에 장사를 지냈다가 후에 양장골[243]로 옮겼다고 쓰여 있다.[244] 두 기록대로라면 현 경덕왕릉 인근에서 모지사, 혹은 경지사로 추정되는 사찰이 있어야 한다. 하지만 사찰의 흔적을 찾을 수 없다는 점에서 진위와 관련한 논란이 있다. 또한 『삼국유사』에 언급된 양장골에서는 왕릉급 고분을 찾기가 어렵다.[245]

한편 성덕왕릉과 경덕왕릉은 달리 탱석에 십이지신상이 새겨져 있다. 무덤 주인과 관련해 이근직(2012)은 현 경덕왕릉을 소성왕릉으로, 김용성(2012)은 희강왕릉으로 비정한 바 있다. 이밖에 경덕왕릉은 안상이 새겨진 상석만 남아 있을 뿐, 석인상

경덕왕릉. 탱석에 새겨진 십이지신상

과 석사자상 등의 석물은 남아 있지 않다. 또한, 왕릉 주변의 소나무 숲이 인상적인 장소다.

4장

신라
하대

원성왕릉(元聖王陵)

경주 원성왕릉

『조선고적도보』에 실린 원성왕릉 ⓒ국립문화재연구
원 문화유산연구지식포털

원성왕(元聖王, 재위 785~798)은 내물왕의 12대손으로, 이름은 경신(敬信)
이다. 김지정의 반란을 진압한 뒤 벼슬이 상대등에 이르렀다.

선덕왕(宣德王)이 세상을 떠난 뒤, 왕위를 두고 내물왕계와 무열왕계의
대립이 있었다. 신하들이 모여 다음 왕으로 무열왕의 6대손인 김주원(金
周元)을 옹립했다. 당시 김주원은 서라벌의 북쪽 20리에 살고 있었는데,
소식을 듣고 입궁을 서둘렀다. 하지만 홍수로 인해 불어난 알천(閼川)을
건너지 못했고, 자연스럽게 입궁은 지체되었다.

결국, 하늘의 뜻을 내세워 상대등 김경신(金敬信)이 왕위에 오르게 되었
다. 이가 바로 원성왕이다. 원성왕은 왕위에 오른 뒤 김주원을 명주군왕
(溟州郡王)에 봉했고, 명주(溟州)[246] 일대를 식읍으로 하사했다. 그렇게 김주
원을 시조로 하는 강릉 김씨가 시작된 것이다.

왕위에 오른 원성왕은 윗대 조상들에 대한 추봉을 했다.[247] 새로운 5묘

북천(알천), 홍수 피해가 잦아서 인근에 있는 헌덕왕릉이 큰 피해를 입었다. 또한 홍수로 불어난 알천을 건너지 못한 김주원은 결국 왕이 되지 못했다.

알천제방수개기, 알천 제방의 수리와 관련한 금석문이다.

[248]를 정했는데, 이때 성덕대왕(聖德大王)과 개성대왕(開聖大王)[249]의 묘당을 헐고 그 자리에 추봉한 조부 흥평대왕(興平大王)과 부친 명덕대왕(明德大王)을 들였다.

또, 원성왕의 재위 기간에는 독서삼품과(讀書三品科)가 실시되었는데, 이는 관리를 5경과 3사, 제자백가서 등의 이해 정도에 따라 상품·중품·하품으로 나누어 선발하는 제도다.[250]

강릉 명주군왕릉. 김주원은 명주군왕에 봉해졌고, 강릉 김씨의 시조가 되었다.

김제 벽골제. 원성왕 때인 790년에 벽골제를 증축했다.

790년에는 벽골제(碧骨堤)[251]를 증축했다. 또한 일길찬 백어(伯魚)를 발해의 사신으로 보냈고, 당과의 외교 역시 안정적으로 관리했다. 다만 가정사는 불행했는데, 791년, 태자 인겸(仁謙, 혜충태자)이 세상을 떠난 데 이어 794년에는 태자 승영(義英)[252]마저 세상을 떠났다. 이후 혜충태자의 아들 준옹(俊邕)을 태자로 봉했다. 798년 12월 29일, 원성왕이 세상을 떠났고, 뒤를 이어 손자 준옹이 왕위에 올랐다. 이가 바로 소성왕(昭聖王, 재위 799~800)이다.

원성왕의 장지 기록

원성왕릉은 경상북도 경주시 외동읍 괘릉리 산17번지로, 과거에는 괘릉(掛陵)이라 불렸다. 『동경잡기』를 보면, 괘릉이 부의 동쪽 35리에 있으며, 능의 내부에 물이 고여 바닥에 관을 안치하지 못했기에, 허공에 관을 걸어둔 것에서 유래했음을 알 수 있다.[253] 과거 괘릉은 문무왕릉으로 잘못 알려진 적도 있으며, 지금처럼 원성왕릉의 이름을 되찾은 것은 오래되지 않은 일이다.

원성왕릉의 위치를 알기 위해서는 『삼국사기』와 『삼국유사』의 기록을

원성왕릉의 배수로, 내부에 물이 고인다는 기록과 부합한다.

경주 원성왕릉

숭복사지 삼층석탑

교차해서 확인해야 하는데, 『삼국사기』의 봉덕사 남쪽에서 화장했다는 기록만 봐서는 원성왕릉의 위치를 알 수 없다. 그런데 『삼국유사』에 원성왕릉의 위치와 관련된 중요한 단서가 있다. 원성왕릉이 토함산(吐含山) 서쪽 동곡사(洞鵠寺)에 있다고 했는데, 동곡사가 현 숭복사(崇福寺)라고 밝

숭복사지 금당지

혔기 때문이다. 특히 숭복사(崇福寺)에는 최치원이 쓴 비석이 있었다고 한다. 실제 숭복사지에서 초월산대숭복사비(初月山大崇福寺碑)의 비편이 확인됨에 따라 숭복사의 위치가 고증되었고, 이에 괘릉은 원

성왕릉으로 비정될 수 있었다.

쌍귀부. 숭복사지에 있던 것으로 지금은 국립경주박물관으로 옮겨졌다. 이곳에 최치원이 쓴 초월산대숭복사비(初月山大崇福寺碑)가 있었다.

한편 원성왕릉은 신라 왕릉의 원형이 가장 잘 남아 있는 왕릉 중 하나로, 이후 왕릉의 조성에 영향을 준 것으로 평가된다. 특히 원성왕릉의 석물 가운데 이전에는 없던 화표석(華表石)과 호인상(胡人像)이 확인되었다. 화표석은 왕릉의 경계를 표시한 석물로 추정되며, 호인상은 생김새가 마치 서역인을 닮은 모습이다. 과거 신라와 서역 간에 활발한 교류가 있었음을 보여주는 사례다.[254] 이밖에 관검석인상(冠劍石人像) 2기와 석사자상 4기, 상석 등도 잘 남아 있다.[255]

경주에서 이국적인 유물이 출토되는 이유는?

상주 두곡리 뽕나무. 비단을 만들기 위해서는 누에의 먹이가 되는 뽕나무가 필요했다.

국립경주박물관을 방문할 때마다 눈길을 사로잡는 이국적인 유물들이 있는데, 대표적으로 계림로 14호분에서 출토된 황금보검을 들 수 있다. 황금보검은 생김새 자체가 우리 문화재와는 다른 이국적인 유물로, 자세히 보면 붉은색 홍옥과 소용돌이 문양이 있다. 이 중 소용돌이 문양은 트라키아에서 확인되는

계림로 14호분 출토 황금보검 출토지
황금보검

문양과 유사하다.

황금보검의 흔적은 경주를 넘어서 카자흐스탄 보로보예에서도 확인된다. 보로보예 출토 황금보검은 온전한 모습이 아닌 장식 일부만 출토되었는데, 그 외형이 계림로 14호분 출토 황금보검과 쌍둥이처럼 닮았다. 또한, 중국 키질석굴 벽화에서도 황금보검과 유사한 형태의 그림이 확인[256]되면서 자연스럽게 경주에서 출토된 황금보검은 실크로드를 따라 '유럽-중앙아시아-중국-한반도'로 이어졌음을 알 수 있다.

실크로드(Silk road)는 이름처럼 비단길로도 불렸다. 지금이야 비단(Silk)[257]이라고 하면 하나의 견직물일 뿐 아니냐고 하겠지만 과거에는 매우 귀한 대접을 받았고, 화폐와 동일한 가치를 지녔다. 외교적으로도 활용될 정도였는데, 이러한 비단을 구하기 위해 개척된 루트가 역설적으로 동양과

황남대총 남분 출토 봉수형 유리병　　　서역인을 닮은 원성왕릉의 호인상

서양의 문명을 이어주는 통로가 된 셈이다.

실크로드를 따라 여러 이국적인 유물이 신라로 들어올 수 있었다. 황금보검 이외에도 황남대총에서 출토된 봉수형 유리병과 유리잔이 주목된다. 이들 유리병과 유리잔은 로마 제국에서 만들어졌기에 로만글라스(Roman glass)로 불리기도 한다. 재미있는 것은 카자흐스탄 카라아가치 지역에서 출토된 유리잔과 황남대총에서 출토된 유리잔이 거의 같다는 점[258]이다. 이는 실크로드를 통해 유리잔이 들어왔음을 의미한다.

이국적인 외모를 가진 토용. 경주 용강동 고분에서 출토되었다.　　　화성 당성에 세워진 경상북도 실크로드 탐험대 기념표석

원성왕릉의 호인상처럼 서역인을 닮은 토용과 터번을 쓴 형태의 토우가 발견되는 등, 이국적인 유물을 통해 당시 실크로드로 세계와 교류했던 신라의 모습을 엿볼 수 있다. 실제 알 이드리시(Al-Idrisi's)가 제작한 세계 지도에도 신라가 표기되어 있으며, 중세 이란의 서사시인 쿠쉬나메(همان شوک)[259]에도 신라가 등장한다.

분황사 석정

분황사 경내에는 분황사 석정으로 불리는 우물이 있는데, 『삼국유사』를 보면 유래와 관련해 을해년(乙亥年, 795)에 당나라 사신이 하서국(河西國) 사람 두 명을 데리고 왔다고 한다. 다음 날 두 여인이 원성왕에게 와서 아뢰기를, 자신들은 동지(東池)와 청지

분황사 석정

(靑池)에 살던 두 용의 아내로, 당나라 사신과 하서국 사람 두 명이 자신들의 남편과 분황사(芬皇寺) 우물에 살던 용 세 마리에게 주문을 걸어 물고기로 변하게 한 뒤 통에 넣고 갔다는 것이다. 도와 달라는 여인들의 요청에 원성왕은 사신을 쫓아 하양관(河陽館)에서 연회를 베풀며 하서국 사람들에게 세 용을 내놓으라고 압박했고, 사신들이 세 마리의 물고기를 내놓으면서 이를 풀어주었다. 그래서 이 우물은 삼룡변어정(三龍變魚井)으로 불리기도 했다.[260]

헌덕왕릉(憲德王陵)

「조선고적도보」에 실린 헌덕왕릉 ⓒ국립문
화재연구원 문화유산연구지식포털

경주 헌덕왕릉

헌덕왕(憲德王)은 혜충태자(惠忠太子)와 성목태후(聖穆太后)의 소생으로 이
름은 언승(彦昇)이다. 소성왕의 친동생이며, 세조의 선배 격인 인물이다.
조카의 왕위를 찬탈한 숙부의 모델로, 사실상 세조보다 더 잔인한 인물
이다.

세조는 왕위를 찬탈하기는 했어도 단종의 목숨을 직접 빼앗지 않고,
조정의 요구에 의한 방식으로 죽게 한 반면 헌덕왕은 동생 제옹(悌邕)과
함께 반란을 일으켜 궁궐로 쳐들어가 애장왕(哀莊王, 재위 800~809)[261]을 시
해했다. 여기에 더해 애장왕의 동생 체명(体明)마저 살해했기에 헌덕왕의
정통성은 심각한 결함을 지니게 되었다. 정통성의 문제가 있다면 최소한
업적이라도 있어야 하는데, 그것조차 없었다. 이를 보여주듯 헌덕왕 시
기에 큰 사건이라고 할 수 있는 김헌창의 난(822)이 발발했다.

김헌창(金憲昌)은 명주군왕 김주원(金周元)의 아들로, 지방의 벼슬[262]을
떠돌다 웅천주도독으로 있을 때 반란을 일으켰다. 도독이면 큰 관직이라

고 생각할 수 있는데, 당시 신라의 중
심은 서라벌이었고, 서라벌을 벗어난다
는 것은 권력에서 배제된다고 봐도 무
방했다. 때문에『삼국사기』에서도 청주
도독을 외직으로 분류하고 있다. 더군
다나 김헌창은 애장왕 때인 807년에
시중으로 임명될 만큼 큰 권력을 가지
고 있었다.

흥덕왕릉 비편. 헌덕대왕이 새겨져 있다.

그랬기에 애장왕의 시해와 헌덕왕의
즉위는, 권력의 측면에서 김헌창이 큰 타격을 입은 것으로 봐야 한다. 다
만 김헌창 역시 이를 명분 삼을 수는 없었기에, 표면적으로 애장왕의 시
해와 아버지 김주원이 왕이 되지 못한 것을 들며 반란을 일으킨 것이다.
이러한 반란에 무진주·완산주·청주·사벌주와 국원경·서원경·금관경이
동조하며 합류했다. 9주 5소경 가운데 절반 가까이 김헌창의 세력에 동

웅천명 기와

공주 공산성. 웅천주의 치소로, 웅천주도독으
로 있던 김헌창이 난을 일으켰다.

조한 것이나 다름없다. 역설적으로 헌덕왕이 얼마나 정통성에 문제가 있었는지 단적으로 보여주는 사례이기도 하다.

이때 김헌창은 새로운 국가를 수립하며 국호를 장안(長安)[263], 연호를 경운(慶雲)이라 했다. 하지만 이 같은 위기 속에서 헌덕왕은 제대로 대응했다. 우선 서라벌 방어 계획을 수립한 뒤, 반란의 기세를 꺾게 되는 두 전투에서 대승을 거두게 된다. 첫 번째는 위공(衛恭)과 제릉(悌凌)이 장웅(張雄)의 군사와 연합해 삼년산성(三年山城)에서 승리했다. 두 번째는 균정(均貞)을 중심으로 반란군이 집결한 성산(星山)[264]에서 대승을 거두었다.

이 두 번의 전투에서 패하면서, 김헌창의 세력은 빠르게 와해되었다. 그 결과 김헌창은 성[265]으로 들어가 방어에 전념할 수밖에 없었고, 함락 과정에서 자결하면서 반란은 종지부를 찍게 된다. 성산에서 패배한 지 불과 열흘 만의 일이었다. 반란을 진압한 헌덕왕은 김헌창의 무덤을 찾아내 시신을 훼손하고, 김헌창과 연루된 친족과 관련 인물 239명을 죽였다.

이처럼 김헌창의 난을 진압하는 과정에서 중앙의 군사력과 지방의 통제가 잘 이루어졌음을 보여준다. 하지만 김헌창의 난 이후 중앙의 군사력은 점차 약화되고, 반대로 지방의 호족과 사병의 힘은 커졌다. 이밖에 김헌창의 난 이후 명주군국(溟州郡國)은 해체되었으며, 이후에도 김헌창의 아들 범문(梵文)이 고달산의 도적 수신(壽神)과 모의하

보은 삼년산성

여 반란을 획책하는 등의 여진이 이어졌다. 그러던 826년 10월, 헌덕왕이 세상을 떠났고, 뒤를 이어 동생 수종(秀宗)이 왕위에 올랐다. 이가 바로 흥덕왕(興德王)이다.

헌덕왕의 장지 기록

헌덕왕릉은 경상북도 경주시 동천동 80번지로, 장지 기록은 『삼국사기』에는 천림사(泉林寺) 북쪽, 『삼국유사』에는 천림촌(泉林村) 북쪽에 있다고 했다. 『신증동국여지승람』과 『동경잡기』에는 경주부 동쪽 천림리(泉林里)에 있다고 했기에, 천림사의 위치가 확인되면 헌덕왕릉의 위치 역시 확인되는 것이다. 실제로 헌덕왕릉의 인근에서 천림사로 추정되는 임천사지와 관련 석물이 발견되었다. 현재 석물은 국립경주박물관의 야외에 전시 중이다.

임천사지 출토 석물

헌덕왕릉의 십이지신상과 흩어진 석물

헌덕왕릉은 알천의 홍수로 인해 많은 파괴가 있었다. 현재의 모습은 복원을 거친 것이다. 『영조실록』을 보면 영조대왕 행장에 1741년(영조 17) 9월, 홍수로 피해 입은 헌덕왕릉을 수리한 기록이 남아 있다.[266]

일제강점기 당시 찍은 사진에서도 다른 왕릉에 비해 훼손이 심한 것을

경주고등학교의 야외에 전시 중인 호인상의 상단 부분. 헌덕왕릉의 호인상으로 알려져 있다.

경주 표암재에 있는 안상이 새겨진 판석 ⓒ김환대

볼 수 있으며, 석물은 유실되었음을 알 수 있다. 그 결과 다른 왕릉과 달리 십이지신상 역시 쥐(子), 소(丑), 토끼(卯), 호랑이(寅), 돼지(亥) 등이 남아 있을 뿐이다. 이와 함께 헌덕왕릉의 것으로 전해지는 호인상이 경주고등학교 교정에 남아 있다.

헌덕왕릉의 상석은 경덕왕릉의 상석을 토대로 복원한 것이다. 이와 관련해 경주 동천동에 있는 표암재(瓢巖齋)에서 확인된, 안상이 새겨진 판석을 헌덕왕릉 상석의 흔적으로 보는 견해도 있다.[267]

03   흥덕왕릉(興德王陵)

흥덕왕(興德王, 재위 826~836)은 헌덕왕의 친동생으로 이름은 수종(秀宗)[268]이며, 아버지는 혜충태자(惠忠太子)[269], 어머니는 성목태후(聖穆太后)다. 왕으로 즉위한 지 얼마 지나지 않아 왕비인 장화부인(章和夫人)이 세상을 떠났다. 흥덕왕이 장화부인과 얼마나 애틋한 사이였는지는 『삼국유사』에 기록된 「흥덕왕과 앵무새」를 통해 알 수 있다.

흥덕왕릉과 안강형 소나무

『조선고적도보』에 실린 흥덕왕릉 ⓒ국립문화재연구원 문화유
산연구지식포털

경주 흥덕왕릉의 원경

당나라로 간 사신이 앵무새 한 쌍을 가져왔는데, 암놈이 먼저 죽자 수놈이 슬피 울다 죽었다고 한다. 이에 왕이 노래를 지었는데, 수놈 앵무새에 자신을 투영했다고 볼 수 있다. 신하들이 다시 왕비를 들일 것을 권했지만, 흥덕왕은 요청을 받아들이지 않았다.

827년, 당으로부터 신라왕으로 책봉되었다.[270] 한편 흥덕왕 시기 가장 중요한 인물이라고 할 수 있는 장보고가 역사의 전면에 모습을 드러냈는데, 828년 흥덕왕은 장보고의 요청을 받아들여 그를 청해진 대사로 임명하고, 청해진(淸海鎭)을 설치했다.

또한 흥덕왕은 김유신을 흥무대왕(興武大王)으로 추봉했는데, 이는 우리 역사에서 왕족이 아닌 신하가 왕으로 봉해진 첫 사례다. 흥덕왕은 장화부인과의 사이에서 능유(能儒)와 의종(義琮) 두 아들을 두었다. 능유는 831년 진봉사(進奉使)로 당나라를 다녀오던 중 물에 빠져 죽었으며, 의종(義琮)은 836년 당나라로 건너가 황제를 숙위(宿衛)했다.[271] 능유는 죽었기에 어쩔 수 없다고 하더라도, 의종이 있었음에도 어떤 이유에서인지 태자로 봉하지 않았다. 그러던 836년 12월, 흥덕왕이 세상을 떠났다. 비어 있는 왕위를 두고 흥덕왕의 사촌 균정(均貞)과 조카 제융(悌隆) 간 내전이 벌어졌는데, 이때 상대등 김명(金明)의 지지를 얻은 제융이 왕위에 오르게 되었다. 이가 바로 희강왕(僖康王)이다.

흥덕왕의 장지 기록

흥덕왕릉은 경상북도 경주시 안강읍 육통리 산42번지다. 장지 기록은 『삼국유사』에는 안강(安康) 북쪽 비화양(比火壤), 『신증동국여지승람』에는 안강현 북쪽으로 기록하고 있으며, 『동경잡기』를 보면 흥덕왕릉을 장릉(獐陵)으로 불렀음을 알 수 있다.[272] 흥덕왕은 죽기 전 장화부인의 능에 합

경주 흥덕왕릉   흥덕왕릉의 귀부

장할 것을 유언했고, 그대로 실행되었다. 때문에 흥덕왕릉은 현재까지
알려진 신라왕릉 가운데 유일한 합장릉이다. 이밖에 귀부 주변에서 수습
된 비편을 통해 흥덕왕릉으로 고증되었으며, 이에 따라 무덤 주인이 확
실한 신라왕릉으로 인정받고 있다.

　흥덕왕릉의 외형은 원성왕릉과 쌍둥이처럼 닮아있다. 입구에 세워진
화표석 한 쌍을 비롯해 호인상과 관검석인상 각 한 쌍, 흥덕왕릉비와 관
련한 귀부, 왕릉의 사방에 배치된 석사자상 4기 등의 석물이 남아 있다.
이와 함께 봉분의 탱석에는 십이지신상이 새겨져 있으며, 원성왕릉에 없
는 귀부까지도 온전하게 남아 있기에 흥덕왕릉은 원성왕릉과 함께 원형
이 잘 남은 신라왕릉으로 평가된다. 또한, 현재까지 알려진 신라왕릉 가
운데 탱석에 십이지신상이 새겨진 왕릉은 흥덕왕릉이 마지막이다.[273]

장보고와 청해진

장보고 동상

청해진(淸海鎭)은 완도군에 있는 작은 섬 장도가 중심이다. 청해진을 설치한 장보고(張保皐)는 완도 출신으로 이름은 궁복(弓福)[274]이다. 장보고는 당나라로 건너가 무령군(武寧軍)의 소장(小將)에 오르기도 했다.[275] 828년 4월에 신라로 돌아온 장보고는 흥덕왕을 만나 청해대사(淸海大使)로 임명되었는데, 이때 휘하 군사는 1만 명이었다.[276] 이후 해상 네트워크를 장악한 장보고와 청해진의 세력은 커졌고, 이 힘을 바탕으로 훗날 신라 왕실의 내분에 개입했다.

청해진 토성

장보고는 신무왕(神武王)을 옹립하는 데 큰 공을 세웠고, 이에 신무왕은 장보고를 감의군사(感義軍使)로 봉한 뒤 식읍 2천 호를 주었다. 하지만 신무왕이 즉위한 지 얼마 지나지 않아 세상을 떠나면서 뒤이어 즉위한 문성왕(文聖王)과 장보고의 갈등이 표면화되었다.

청해진이 있던 장도

이유는 『삼국유사』와 『삼국사기』의 교차를 통해 확인할 수 있는데, 신무왕은 왕이 되기 전 장보고에게 왕위에 오르면 장보고의 딸을 왕비로 삼겠다고 제안했다. 여기서 왕비로 삼겠다는 것은 신무왕 본인이 아닌 태자 경응(慶膺)의 태자비로 삼아 훗날 왕비로 삼겠다는 의미로 해석되는데, 장보고의 입장에서는 거부할 수 없는 제안이었다. 자신의 딸이 왕비

흥덕왕릉 비편, 무역지인간(貿易之人間)

지금도 남아 있는 목책의 흔적

가 된다는 것은 곧 외척이 되어 신라의 주류 사회 안으로 편입됨을 의미한다. 그랬기에 장보고는 군사를 내어 신무왕을 옹립하는 데 전력을 다했지만, 이 약속은 지켜지지 않았다.

839년, 왕위에 오른 그 해에 신무왕은 세상을 떠났다. 뒤를 이어 왕위에 오른 문성왕은 장보고의 딸을 두 번째 왕비로 삼고자 했지만, 신하들의 반대에 그 뜻을 접어야 했다. 이후 신라 조정과 장보고 간의 갈등이 표면화된 것으로 보이는데, 846년 장보고가 청해진에서 반란을 일으킨 기록이 그 증거이다. 다만 정말 반란을 일으킨 것인지에 대해서는 논란이 있다.

이후 신라 조정에서는 염장(閻長)을 보내 장보고를 암살했다. 그 결과 청해진은 851년에 해체되고, 이곳에 있던 사람들은 벽골군(碧骨郡)으로 옮겼다. 그렇게 청해진은 폐허가 되었고, 사람들의 기억 속에서도 잊혀졌다.

청해진이 있었던 장도에는 토성의 흔적과 건물지, 당시 설치된 것으로 추정되는 목책의 흔적 등이 잘 남아 있다. 이밖에 장도 인근에는 장보고 기념관이 있어, 청해진에서 출토된 유물과 과거 청해진의 모습 등을 확인할 수 있다.

04   희강왕릉(僖康王陵)

희강왕(僖康王, 재위 836~838)은 이찬 헌정(憲貞)과 문목부인(文穆夫人)의 소생으로 이름은 제융(悌隆)이다. 흥덕왕이 세상을 떠났을 때 균정(均貞)과 왕위를 두고 내전이 벌어졌는데, 이때 시중 김명(金明)과 아찬 이홍

경주 희강왕릉　　　　　　　　옆면에서 바라본 모습

(利弘), 아찬 배훤백(裵萱伯) 등의 도움을 받아 제융이 왕위에 올랐다. 내전 과정에서 균정이 살해당하자 균정의 아들인 우징(祐徵)은 청해진으로 도망쳤고, 뒤이어 조카 예징(禮徵)과 아찬 양순(良順) 등이 우징에게 합류했다.

　희강왕은 즉위한 뒤 자신의 부모를 추봉[277]한 데 이어 공을 세운 김명을 상대등으로 삼고, 이홍을 시중으로 삼았다. 하지만 희강왕의 재위는 오래가지 못했다. 838년 상대등 김명은 자신이 왕이 되겠다는 야심에 시중 이홍을 끌어들여 반란을 일으켰다. 이에 화가 미칠 것을 염려한 희강왕이 자결하면서 희강왕의 재위는 불과 3년 만에 막을 내렸다. 이후 상대등 김명이 왕위에 올랐는데, 이가 바로 민애왕(閔哀王)이다. 하지만 찬탈의 결과는 오래가지 못했고, 인과응보(因果應報)의 역사가 기다리고 있었다.

희강왕의 장지 기록

희강왕릉은 경상북도 경주시 내남면 망성리 산34번지로, 장지 기록은 『삼국사기』와 『동경잡기』에 언급된 소산(蘇山)에 장사 지낸 기록이 전부다. 현 희강왕릉은 아무런 석물이 없는 무덤으로, 규모 역시 이전의 신라왕릉과 비교하면 초라하다. 이 때문에 이곳을 신라왕릉으로 보기 어렵다는 견해도 있는데, 유의건의 「나릉진안설」에는 소산이라 불린 산은 예전부터 없었다며 무리하게 왕릉을 비정한 것에 대해 비판한 바 있다.

05　傳 민애왕릉(傳閔哀王陵)

민애왕(閔哀王, 838~839)은 흥덕왕의 동생 대아찬 충공(忠恭)과 귀보부인(貴寶夫人)의 소생으로, 이름은 명(明)이다. 흥덕왕이 세상을 떠났을 때 제융(悌隆)을 지지하며 왕으로 옹립했지만, 자신이 왕위에 오르겠다는 야심 속에 시중 이홍을 끌어들여 반란을 일으켰다.

경주 傳 민애왕릉

압박을 견디지 못한 희강왕이 자결하면서 김명은 왕위에 올랐다. 민애왕은 즉위 후 자신의 부모를 추봉[278]했다. 하지만 민애왕의 즉위는 청해진으로 도망친 우징에게 좋은 명분이 되었고, 이에 우징은 김양과 함께 청

傳 민애왕릉의 호석과 받침석

상석의 흔적

해진 대사 장보고를 끌어들였다. 이때 그는 군사를 움직인다면 장보고의 딸을 왕비로 삼겠다는 파격적인 제안을 했다.

　장보고는 이 요청을 받아들였고, 정년(鄭年)에게 군사 5천을 주어 민애왕을 치게 했다. 또한, 김양의 군대가 무주 철야현 방면으로 이동했기에 민애왕은 대감(大監) 김민주(金敏周)에게 군사를 주어 막게 했으나 패배했다.
　승리의 여세를 몰아 김양의 군대가 달구벌에 도착했고, 이에 민애왕은 이찬 대흔(大昕)과 대아찬 윤린(允璘), 의훈(嶷勛) 등에게 군사를 주어 막게 했다. 하지만 이 전투마저 패배하면서 민애왕의 군대는 흩어졌고, 왕경의 서쪽 교외에 있던 민애왕은 월유의 집(月遊宅)으로 도망쳤다가 붙잡혀 세상을 떠났다. 왕위에 오른 지 불과 2년 만의 일이다.
　민애왕의 죽음 이후 우징이 왕위에 오르게 되는데, 이가 바로 신무왕(神武王)이다. 인과응보라고, 희강왕을 죽음으로 몰아넣으며 올랐던 왕위가 불과 2년 만에 무너지면서 자신도 같은 운명이 되는 것을 보면 역사의 아이러니가 아닐 수 없다. 찬탈의 결과로 자신 역시 비참한 최후를 맞았던 민애왕, 정당하지 않은 권력이 얼마나 불완전한지를 보여주는 사례다.

민애왕의 장지 기록

傳 민애왕릉은 경상북도 경주시 내
남면 망성리 산42번지로, 장지 기록
은 남아 있지 않고, 서쪽 교외에 있던
월유의 집에 숨었다가 붙잡혀 죽었다
고 했다. 왕의 예로 장사를 지냈다고
했기에 왕릉이 조성된 것은 확실하지
만, 그 왕릉이 현 傳 민애왕릉인지는
알 수 없다. 가장 큰 이유는 이곳에서
출토된 뼈단지 때문으로, 덮개 부분에

傳 민애왕릉에서 출토된 뼈단지. 덮개 부
분에 새겨진 원화십년(元和十年) 명문

새겨진 원화십년(元和十年)
명문을 환산해보면 815년
에 해당한다. 따라서 839
년에 세상을 떠난 민애왕과
차이가 있기에, 민애왕릉으
로 보기는 어렵다.

傳 민애왕릉에서 출토된 십이지신상(子, 酉, 亥)

이에 이근직(2012)은 傳
민애왕릉을 애장왕릉, 김용성(2012)은 혜공왕릉으로 비정한 바 있다. 傳
민애왕릉의 외형은 3단으로 다듬은 호석과 받침석이 있는 형태다. 발굴
조사 과정 중 내부에서 흙으로 빚은 십이지신상이 출토되었다.

신무왕릉(神武王陵)

신무왕(神武王, 재위 839)은 균정(均貞)과 진교부인(眞矯夫人)의 소생으로, 이름은 우징(祐徵)이다. 민애왕을 죽인 뒤 왕위에 올랐으며, 조부와 부모에 대한 추봉[279]을 한 뒤 경응(慶膺)을 태자로 삼았다. 또한 공을 세운 장보고를 감의군사(感義軍使)로 삼고, 식읍 2천 호를 내렸다. 하지만 신무왕의 치세는 오

경주 신무왕릉

래가지 못했다. 종기로 인한 병세의 악화로 839년 7월 23일, 짧은 치세를 뒤로하고 세상을 떠났기 때문이다. 이후 태자인 경응이 왕위에 오르게 되니, 이가 바로 문성왕(文聖王)이다.

신무왕의 장지 기록

신무왕릉은 경상북도 경주시 동방동 660번지로, 장지 기록은 『삼국사기』에 언급된 제형산(弟兄山) 서북쪽이다. 신무왕릉의 동남쪽에 있는 산의 이름은 형제산(兄弟山)으로, 『동경잡기』에는 신무왕릉이 형제산 북쪽, 지금의 동방동(東方洞)이라는 기록이 남아 있다.[280] 이근직(2012)은 현 진덕여왕릉을 신무왕릉, 김용성(2012)은 김유신 묘를 신무왕릉이라는 견해를 밝힌 바 있다.

문성왕릉(文聖王陵)

경주 문성왕릉

문성왕(文聖王, 재위 839~857)은 신무왕과 정계부인(貞繼夫人)의 소생으로, 이름은 경응(慶膺)이다. 841년 당 무종(武宗)에 의해 신라왕[281]으로 책봉되었으며, 즉위 직후에는 장보고를 진해장군(鎭海將軍)으로 삼고 관복을 내렸다.

하지만 문성왕과 장보고의 좋은 관계는 오래가지 못했는데, 845년 문성왕은 장보고의 딸을 두 번째 왕비로 삼고자 했으나 신분의 차이를 이유로 반대하는 신하들의 의견을 따랐다. 이에 장보고는 불만을 품었고, 846년, 청해진에서 반란을 일으켰다. 다만 정말 반란을 일으킨 것인지는 확실치 않다.

이후 염장(閻長)이 청해진으로 거짓 투항한 뒤 장보고를 암살하면서 긴장 관계는 끝이 났고, 851년 문성왕은 청해진을 없앤 뒤 그곳 사람들을 벽골군(碧骨郡)[282]으로 옮겼다. 이밖에 844년에는 혈구진(穴口鎭)[283]을 설치했다.

그리고 857년, 문성왕이 세상을 떠났다. 앞서 태자는 852년에 눈을 감았기에, 문성왕은 유언을 남겨 숙부 서불한 의정(誼靖)을 왕위에 올렸다. 이가 바로 헌안왕(憲安王)이다.

문성왕의 장지 기록

문성왕릉은 경상북도 경주시 서악동 산92-1번지로, 장지 기록은 『삼국사기』와『동경잡기』에 공작지(孔雀趾)라고 되어있다. 현재 문성왕릉으로 알려진 곳은 선도산 고분군으로, 이곳에는 ▶진흥왕릉 ▶진지왕릉 ▶문성왕릉 ▶헌안왕릉이 자리하고 있다. 다만 진흥왕릉 편에서도 언급했듯, 신라왕릉으로 보기는 의문이 많은 곳이다.

김정희는 공작지를 서악리(西嶽里)의 일명으로 봤기에, 서악동 고분군 중 3호분과 4호분을 문성왕릉과 헌안왕릉으로 추정했다.[284] 하지만 서악동 고분군은 법흥왕릉과 진흥왕릉 등 상대 시기에 조성된 신라왕릉일 가능성이 크다. 그렇기에 현 선도산 고분군이 문성왕릉과 헌안왕릉이 아니라면 다른 장소이거나, 혹은 발견되지 않았을 수도 있다. 이와 관련해 이근직(2012)은 '傳 민애왕릉 – 헌강왕릉 – 정강왕릉' 순으로 호석 구조가 발달한 것으로 보고, 857년 조성된 문성왕릉이 傳 민애왕릉의 호석 구조를 계승한 것으로 봤다. 이에 동남산에 있는 현 헌강왕릉과 정강왕릉이 문성왕릉과 헌안왕릉이라고 비정한 바 있다.[285]

김양 묘

김양(金陽)은 무열왕계로 명주군왕 김주원(金周元)의 후손이다. 김양은 흥덕왕이 세상을 떠난 뒤 왕위를 두고 균정과 제융(悌隆, 희강왕)이 대립할 때 균정을 지지했었다. 하지만 균정이 살해당하며 졸지에 도망자 신세로 전락했다. 그러나 838년 상대등 김명(金明, 민애왕)의 반란으로 희강왕이 자살함으로써 반전의 계기를 맞게 된다.

민애왕이 왕위에 오르자 이를 기회로 삼은 김양은 우징(祐徵, 신무왕)과 함께 청해진 대사 장보고를 끌어들여 민애왕을 제거하는 데 성공하고, 신무왕의 즉위에 큰 공을 세웠다. 이후 문성왕이 즉위하며 김양의 지위는 소판 겸 창부령(倉部令)을 거쳐 시중 겸 병부령(兵部令)에 올랐으며, 당으로부터는 검교위위경(檢校衛尉卿)에 제수되었다.

김양 묘

『조선고적도보』에 실린 김양 묘. 이때만 해도 현 김인문 묘가 김양 묘로 불렸음을 알 수 있다. ⓒ국립문화재연구원 문화유산연구지식포털

857년 8월 13일, 김양이 세상을 떠났다. 이에 문성왕은 김양을 서발한(舒發翰)으로 추증하고 장례는 김유신의 예를 따랐으며, 장지는 무열왕릉 곁에 묻었다.[286] 김양 묘와 관련해 일제강점기에 제작된 『조선고적도보』를 보면, 현 김인문 묘가 김양의 묘로 소개되고 있다. 하지만 서악서원 영귀루 서편에서 김인문의 비가 발견됨으로써 김양의 묘는 김인문의 묘로 바뀌게 되고, 자연스럽게 바로 옆에 있던 고분을 김양의 묘로 비정하게 된 것이다.

08 헌안왕릉(憲安王陵)

헌안왕(憲安王, 재위 857~861)은 균정(均貞)[287]과 조명부인(照明夫人)의 소생으로 이름은 의정(誼靖)이다. 신무왕의 이복동생이자 문성왕에게는 숙부가 된다. 헌안왕에게는 딸이 둘 있었는데, 김응렴(金膺廉)을 맏딸의 사위로 삼았다.[288] 아들이 없었기에 왕의 사위가 된다는 것은 곧 후계자가 된다는 의미였다.

861년, 헌안왕이 세상을 떠났다. 뒤를 이어 사위 김응렴에게 왕위를 물려주도록 유언을 남겼고, 이에 김응렴이 왕위에 올랐다. 이가 바로 경문왕(景文王, 재위 861~875)[289]이다.

경주 헌안왕릉

헌안왕의 장지 기록

헌완왕릉은 경상북도 경주시 서악동 산92-1번지로, 헌안왕의 장지 기록은 『삼국사기』와 『동경잡기』에 기록된 공작지(孔雀趾)다. 장지 기록이 문성왕릉과 같기에 두 왕릉은 인접해서 조성된 것으로 보인다. 현 헌안왕릉은 선도산 고분군에 자리하고 있다. 외형은 원형봉토분으로, 능의 둘레에는 호석으로 추정되는 괴석이 일부 돌출되어 있다.

09   헌강왕릉(憲康王陵)

헌강왕(憲康王, 재위 875~886)은 경문왕과 문의왕후(文懿王后)의 소생으로 이름은 정(晸)이다. 878년 당 희종(僖宗)으로부터 신라왕[290]에 책봉되었다. 헌강왕의 재위 기간 중 훗날 고려의 태조가 되는 왕건이 태어났으며,[291] 이 무렵 중국 대륙에서는 황소의 난(黃巢之亂, 875~884)[292]이 있었다. 반면 신라의 경우 웅주(熊州)에서 풍년을 상징하는 벼이삭이 진상되는가 하면, 민간에서는 기와로 지붕을 덮고, 숯으로 밥을 짓는 등 풍요로운 시대의 모습을 보여주고 있다. 다만 헌강왕 역시 쇠퇴하던 신라를 근본적으로

경주 헌강왕릉

『조선고적도보』에 실린 헌강왕릉 ⓒ국립문화재연구원 문화유산연구지식포털

바꾸지는 못했다.

이와 관련해 『삼국유사』에 주목해볼 만한 기록이 있는데, 헌강왕이 각각 포석정(鮑石亭)과 금강령(金剛嶺)을 방문했을 때 남산(南山)의 신과 북악(北岳)의 신이 나와 춤을 추었다고 한다. 사실 신들은 춤을 통해 나라의 위기를 경고하고자 하였으나, 사람들은 이를 상서로운 징조로 해석했고, 신라의 환락이 더 심해졌다고 한다.[293]

설화의 형태이긴 하지만, 해당 내용을 통해 쇠퇴하던 시기에도 사치스러운 향락 문화가 존재했음을 알 수 있다. 그렇게 재위를 이어가던 헌강

헌강왕릉의 호석과 상석 흔적

왕은 886년에 세상을 떠났다. 헌강왕에게는 서자인 요(嶢, 효공왕)가 있었지만, 그의 동생인 황(晃)이 왕위에 올랐다. 이가 바로 정강왕(定康王)이다.

헌강왕의 장지 기록

헌강왕릉은 경상북도 경주시 남산동 산55번지로, 장지 기록은 『삼국사기』와 『동경잡기』에 기록된 보리사(菩提寺) 동남쪽이다. 그의 동생인 정강왕릉 역시 보리사 동남쪽에 묻혔다고 기록되어 있기 때문에, 두 왕릉이 가까이에 있음을 알 수 있다. 한편 헌강왕릉의 위치 비정에 근거가 되는 보리사는 1km가량 떨어진 곳에 있다. 그러나 이곳이 기록에 등장하는 보리사가 맞는지는 확실치 않다.

헌강왕릉의 외형은 4단으로 쌓은 호석이 특징으로, 상석의 흔적이 남아 있다. 받침석이나 기타 석물 등이 없어 화려했던 원성왕릉이나 흥덕왕릉과 비교하면 초라하게 보일 정도인데, 쇠퇴기의 왕릉이라는 것을 고

경주 보리사(菩提寺). 다만 현 위치가 기록에 등장하는 보리사인지는 확실치 않다.

려할 필요가 있다. 이와 함께 지난 2013년 발굴 조사된, 경주 신당리 고분의 무덤 양식이 헌강왕릉과 유사하다는 점이 주목된다.

처용설화

『삼국사기』와 『삼국유사』에는 처용설화와 관련한 기록이 있는데, 『삼국사기』의 경우 직접적으로 처용의 이름이 언급되지 않지만, 879년 헌강왕의 순행 과정 중 어디서 왔는지 알 수 없는 사람 넷이 수레 앞에서 노래를 부르고 춤을 추었다고 한다. 이 모습을 해괴하고 괴이하였다고 설명했는데, 그 때문에 사람들이 이들을 정령(精靈)으로 여겼음을 알 수 있다.

『삼국유사』에서는 더 상세한 기록이 확인되는데, 헌강왕이 순행했던 장소가 개운포(開雲浦)임을 확인할 수 있다. 이곳으로 놀러 왔던 헌강왕이 갑작스럽게 낀 구름과 안개 때문에 길을 잃었다고 한다. 이 현상이 동해용의 조화라는 이야기를 들은 헌강왕은 용을 위해 절을 지을 것을 명했는데, 이 절이 바로 망해사(望德寺)다. 그러자 구름과 안개가 걷혔다고 하여 개운포라 불리게 되었다.

이때 사찰을 지어준 헌강왕을 위해 동해의 용이 일곱 아들을 데리고 나

처용암

망해사 대웅전에 그려진 처용설화의 한 장면. 헌강왕의 순행 과정에서 나타난 동해용의 일곱 아들 중 한 명이 처용이다.

와 춤을 추고 음악을 연주했
는데, 그 아들 중 하나가 바
로 처용(處容)이다. 헌강왕은
처용을 위해 여인과 벼슬을
내렸다. 이 여인의 미모가 예
뻤는지, 역신(疫神)이 사람으
로 변해 여인과 동침했다. 이
모습을 본 처용은 노래를 부

개운포성지

르고 춤을 추며 물러갔다. 이후 역신이 처용의 인품에 감동해, 처용의 모
습을 그린 그림을 문에 붙이면 들어가지 않겠다고 했고, 이때부터 처용
의 모습을 그려 문에 붙이는 풍습이 생겼다.

망해사 대웅전

망해사지 승탑

이러한 처용설화를 통해 파생된 것이 바로 처용무(處容舞)로, 위의 기록에 등장하는 처용을 외국인으로 보는 견해도 있다. 이러한 처용설화의 흔적을 보여주는 장소가 울산에 있다. 바로 ▶처용암(울산광역시 남구 황성동 668-1번지) ▶개운포성지(울산광역시 남구 성암동 429-1번지) ▶망해사(울산광역시 울주군 청량읍 율리 222-2번지)다.

10 정강왕릉(定康王陵)

정강왕(定康王, 재위 886~887)은 헌강왕의 동복동생으로, 이름은 황(晃)이다. 재위 기간이 짧은 탓에 치적 관련 기록은 찾기 어렵다. 887년 5월, 정강왕이 세상을 떠났다. 자식이 없었던 그는 죽기 전 여동생인 만(曼)을 후계자로 지명했다. 이가 바로 진성여왕(眞聖女王, 재위 887~897)이다. 앞

『조선고적도보』에 실린 정강왕릉 ©국립문화재연구
원 문화유산연구지식포털

경주 정강왕릉

선 선덕여왕과 진덕여왕은 성
골의 신분이었기에 왕위에 오
를 수 있었던 반면, 진성여왕
의 경우 앞선 두 여왕의 사례
가 전례로 작용해 왕위에 오
를 수 있었다. 하지만 정강왕
의 기대와는 달리 진성여왕의
재위 기간 중 본격적인 후삼
국의 서막이 오르게 된다.

후면에서 바라본 정강왕릉

정강왕의 장지 기록

정강왕릉은 경상북도 경주시 남산동 산53번지로, 장지 기록은 『삼국사
기』와 『동경잡기』에 보리사(菩提寺) 동남쪽으로, 헌강왕릉과 동일하다. 정
강왕릉의 외형은 3단 형태의 호석으로, 상석으로 추정되는 흔적이 남아
있다.

정강왕릉의 호석과 상석 흔적

진성여왕릉이 양산에 있다?

진성여왕릉이 양산에 있다는 설이 있다. 진성여왕은 897년 12월에 세상을 떠났는데,
『삼국사기』에는 황산(黃山), 『삼국유사』에는 화장한 뒤 모량(牟梁), 서악(西岳), 혹은
미황산(未黃山)에 뿌렸다는 내용이 남아 있다. 또한 『동경잡기』를 보면 황산(黃山)을
양산군(梁山郡) 황산역(黃山驛)으로 기록하고 있기에 양산 진성여왕릉 설이 나오게
된 것이다.[294]
실제 경상남도 양산시 물금면 어곡동에 진성여왕릉이라 주장되는 무덤이 있지만, 무
덤 양식이 조선시대라는 점과 후손이 있는 것으로 확인되었기에 진성여왕릉으로 볼
근거는 없다. 또한 『삼국유사』에서 보듯 시신을 화장한 뒤 뿌렸다고 했기에, 진성여
왕의 능이 조성되지 않았을 가능성도 있다.

11　　　　　　　　　　　　　　　효공왕릉(孝恭王陵)

　효공왕(孝恭王, 897~912)은 헌강왕의 서자로, 이름은 요(嶢)다. 895년 10
월 진성여왕에 의해 태자로 책봉되었고, 897년 진성여왕의 양위에 의해
즉위했다. 진성여왕 시기 신라의 쇠퇴는 가속화되었다. 훗날 후삼국의 주
축이 되는 궁예와 견훤이 등장하며, 세력화를 이루어갔던 것도 이때다.
894년 최치원(崔致遠)[295]은 진성여왕에게 시무일십여조(時務一十餘條)를 올

렸는데, 현재 그 내용은 알
수 없지만 일련의 개혁 조치
로 추정된다. 이에 진성여왕
이 호응하여 최치원을 아찬
으로 삼으며 힘을 실어주고
자 했지만 큰 성과는 없었다.
이러한 상황에서 효공왕이
즉위했지만, 상황은 점점 악
화될 뿐이었다.

경주 효공왕릉

이 무렵 후백제의 견훤은 신라의 중요한 요충지인 대야성(大耶城)을 호
시탐탐 노리고 있었고, 궁예는 스스로 왕이라 칭하며 나라 이름을 태봉
(泰封), 수도를 철원으로 옮기며 신라의 국경을 잠식해갔다. 905년, 이 소
식을 들은 효공왕은 모든 성주들에게 나가서 싸우지 말고 성벽을 지키라
는 명령을 내렸는데, 쇠퇴해가는 신라의 단면을 보여준다.

907년, 일선군(一善郡) 이남 10개의 성이 견훤에게 넘어가는 등 신라의

안성 칠장사 명부전에 그려진 궁예

영향력이 갈수록 쇠퇴하는 가운데 구
심점이 되어야 할 효공왕은 정치를
외면한 채 주색에 빠졌고, 이를 보다
못한 대신 은영(殷影)이 첩을 잡아 죽
이기까지 했다. 이러한 상황에서 912
년 4월, 효공왕이 세상을 떠났다. 이
후 헌강왕의 사위인 박경휘(朴景暉)가
왕위에 오르니, 이가 바로 신덕왕(神
德王)이다. 신라 말기에 이르러 박씨

논산 傳 견훤왕릉   견훤의 탄생지인 문경 금하굴

가 왕위에 오르게 된 것이다.

효공왕의 장지 기록

효공왕릉은 경상북도 경주시 배반동 산14번지로, 장지 기록은 『삼국사기』와 『동경잡기』에 기록된 사자사(師子寺) 북쪽과 『삼국유사』에 기록된 사자사 북쪽에서 화장하고 뼈를 구지제(仇知堤) 동쪽 산허리에 묻었다는 상반된 내용이 확인된다. 현 효공왕릉은 배반동 장골에 있는 폐사지를 사자사로 추정하며 위치가 비정된 경우다. 반면 이근직(2012)은 현 일성왕릉을 효공왕릉으로 비정했는데, 이유는 일성왕릉 앞쪽에 있는 금강저수지를 기록 속 구지제로 봤기 때문이다. 한편 효공왕릉의 외형은 원형봉토분으로, 석물은 남아 있지 않다. 또한 능의 둘레에 호석으로 추정되는 괴석이 일부 돌출되어 있다. 헌강왕릉, 정강왕릉과 비교해도 능의 규모가 초라하다는 점에서 신라의 쇠퇴를 여실히 보여주는 장소라고 할 수 있다.

경주 황오동 삼층석탑

경주역 광장에는 경주 황오동 삼층석탑이 있다. 이 탑은 경주시 동방동 장골에 무너져 있던 것을 현 위치로 옮기면서 복원한 것이다. 여기서 장골 폐사지를 사자사(獅子寺)로 보고, 북쪽에 있는 고분을 효공왕릉으로 비정한 것이다. 이 탑은 통일신라에서 고려로 넘어가는 과도기적 성격을 보여주고 있으며, 효공왕릉의 위치와 관련한 근거가 되기에 주목된다.

경주 황오동 삼층석탑

12   삼릉(신덕왕릉, 경명왕릉)

신덕왕릉(神德王陵)

신덕왕(神德王, 재위 912~917)은 아달라왕(阿達羅王)의 후손이자 헌강왕의 사위로, 이름은 경휘(景暉)다. 효공왕의 후사가 없었기에 국인들의 추대에 의해 왕위에 올랐다. 아달라왕 이후 728년 만에 박씨가 다시 왕위에 올랐지만, 신라는 이미 기울어질 대로 기운 상태였다. 신덕왕은 즉위한 뒤 아버지 예겸(乂兼)을 선성대왕(宣聖大王)으로 추존한 뒤 어머니를 정화태후(貞和太后), 아들 승영(昇英)을 태자로 삼았다.

신덕왕의 재위 기간 중 신라를 적대시했던 궁예의 태봉과 견훤의 후백제 사이에서 신라의 세력은 점점 축소되어 갔다. 그나마 대야성(大耶城)

삼릉과 소나무 숲

『조선고적도보』에 실린 삼릉 ⓒ국립문화재연
구원 문화유산연구지식포털

경주 배동 삼릉(좌측부터 아달라왕릉, 신덕왕릉, 경명왕릉)

의 방어에 성공하면서, 경상도에서의 세력은 일부 유지할 수 있었다. 그러던 917년 7월, 신덕왕이 세상을 떠났고, 뒤를 이어 태자 승영이 왕위에 올랐다. 이가 바로 경명왕(景明王)이다.

신덕왕의 장지 기록

신덕왕릉은 경상북도 경주시 배동 산73-1번지로, 장지 기록은『삼국사기』와『동경잡기』에 죽성(竹城),『삼국유사』에는 화장한 뒤 화장한 잠현(箴峴) 남쪽에 묻었다는 기록이 남아 있다. 현재 신덕왕릉은 배동에 있는 삼

신덕왕릉

릉 가운데의 봉분으로 전해지나, 기록 속 위치와의 연관성은 확인되지 않았다. 그런데 이 무덤은 도굴되어 발굴 조사가 진행되었는데, 이 과정에서 무덤 양식이 횡혈식석실분이라는 것과 벽면의 채색 흔적이 확인되었다.

경명왕릉(景明王陵)

경명왕릉

경명왕(景明王, 재위 917~924)은 신덕왕과 의성왕후(義成王后)의 소생으로, 이름은 승영(昇英)이다. 경명왕의 재위 기간 중 대외 정세가 급변했는데, 우선 태봉(泰封)에서 정변이 일어나 궁예가 축출되고, 왕건(王建)이 추대

되었다. 이때 나라의 이름을 고려(高麗)로 바꾸었다.

궁예의 태봉은 신라에 적대적이었지만, 왕건은 우호적이었다. 그 결과 920년, 신라는 고려와 사신을 교환하면서 우호관계를 맺었다. 하지만 후백제 쪽 상황은 좋지 못했는데 920년 10월, 요충지인 대야성(大耶城)이 함락되며 후백제군은 진례(進禮)[296]까지 진군하기에 이르렀다. 이에 놀란 경명왕은 고려에 구원을 요청했고 왕건은 이를 받아들여 바로 군사를 보냈다. 견훤이 진군을 멈추고 되돌아갔지만, 대야성의 함락은 후백제가 언제든 서라벌로 쳐들어올 수 있다는 의미였다.

이 무렵 여러 성과 성주들이 잇따라 고려로 항복하면서, 신라의 영토는 점점 더 축소되어 갔다. 신라의 쇠망을 보여주듯 사천왕사(四天王寺)의 소상(塑像)이 잡고 있던 활줄이 저절로 끊어지는가 하면, 벽화 속의 개가 짖었다고 한다. 924년 6월에는 후당에 사신을 보내 조공했고,[297] 이에 장종(莊宗)은 경명왕을 조의대부시위위경(朝議大夫試衛尉卿)으로 봉했다. 2개월 뒤 경명왕은 세상을 떠났다. 이후 동생인 위응(魏膺)이 왕위에 오르게 되었고, 이가 바로 경애왕(景哀王)이다.

경명왕의 장지 기록

경명왕릉은 경상북도 경주시 배동 산73-1번지로, 장지 기록은 『삼국사기』와 『동경잡기』에 황복사(黃福寺) 북쪽, 『삼국유사』에는 황복사(皇福寺)에서 화장한 뒤 성등잉산(省等仍山) 서쪽에 뿌렸다고 기록하고 있다. 외형은 원형봉토분으로, 무덤 양식은 횡혈식석실분이다. 삼릉 중 첫 번째 무덤으로 전해지지만 기록 속 왕릉 위치와 현 위치와의 연관성은 확인되지 않고 있다.

13

경애왕릉(景哀王陵)

『조선고적도보』에 실린 경애왕릉 ⓒ국립문화재연구원 문화
유산연구지식포털

경주 경애왕릉

　경애왕(景哀王, 재위 924~927)은 경명왕의 동생이자 신덕왕과 의성왕후
(義成王后)의 소생으로, 이름은 위응(魏膺)이다. 즉위한 이후 경애왕은 친
고려적 행보를 보였는데, 이는 925년 10월에 있었던 고울부(高鬱府)[298]의
장군 능문(能文)이 왕건에게 투항했으나 고울부가 서라벌과 가깝다는 이
유로 태조가 능문을 돌려보낸 것에서도 알 수 있다. 반면 후백제의 경우
는 적대적이었는데, 후백제와 고려의 화친에 대해 경애왕은 우려를 표했
다. 926년, 화친의 상징으로 고려로 보낸 진호(眞虎)가 죽자 견훤이 분노
하며 고려 측 인질인 왕신(王信)을 죽인 뒤 고려와의 전쟁에 돌입했다.

　그러자 경애왕은 왕건에게 사신을 보내 후백제를 칠 것을 권하는 한
편, 927년에는 고려를 지원하기 위해 군사를 보냈다. 하지만 이러한 행
보는 견훤의 분노를 샀다. 그 결과 927년 9월, 견훤이 이끄는 군대가 고
울부를 쳐들어왔고, 이에 놀란 경애왕은 왕건에게 다급히 구원을 요청했
다. 결국 고울부는 함락되었고, 그 직후인 11월에 수도인 서라벌이 침공

당했다. 이때 경애왕은 포석정(鮑石亭)에서 연회를 베풀다가 후백제군에 붙잡혔다. 이후 비극적인 결말이 기다리고 있었는데, 경애왕은 자결을, 왕비는 견훤에 의해 강간당했다고 기록되어 있다.

그렇게 927년, 경애왕은 세상을 떠났다. 대부분 경애왕을 떠올리면, 견훤이 쳐들어오는 상황에도 포석정에서 연회나 베풀다 붙잡혀 죽은 한심한 왕이라고 생각하기 쉽다. 하지만 『삼국사기』에 기록된 경애왕의 행적을 보면 이런 평가는 잘못된 것임을 알 수 있다.

포석정에서 붙잡힌 것도 그렇다. 기록에서는 연회를 베풀다 잡힌 것으로 나오지만, 11월에 포석정에서 연회를 베풀었다는 것을 어떻게 봐야 할까? 특히 후백제군이 고울부에 쳐들어오자 다급히 왕건에게 구원을 요청했던 모습으로 미루어보았을 때, 긴박한 상황에서 연회를 베풀다 붙잡혔다는 것은 이치에 맞지 않는다.[299] 견훤이 왕비를 강간했다는 내용 역시 『삼국사기』가 고려 때 만들어진 기록임을 감안해보면, 후삼국 통일의 당위성을 위해 경애왕을 깎아내리고, 견훤에게도 비윤리적 프레임을 덧씌운 것으로 추정된다. 이미 경애왕이 재위할 당시 신라의 국력은 쇠퇴를 거듭했었고, 어떻게 할 수 있는 여지가 없었다. 후백제와 고려의 치열한 싸움에서 신라의 입지는 더욱 줄어들어 갔으며, 그나마 남은 땅마저 고려와 후백제로 속속 넘어가는 와중에 경애왕의 비참한 죽음은 사실상 신라의 최후와 다름없었다.[300]

후삼국 시대가 시작된 이래 신라가 군사적인 측면과 영토 부분에서 고려와 백제에 밀린 것은 사실이다. 하지만 삼한일통의 정통성을 가진 국가였다는 사실을 간과해서는 안 된다. 또한 아무리 신라의 힘이 약해졌다고는 해도, 적지 않은 호족들에게 영향을 미칠 수 있었다.

당장 이후에 벌어진 고창 전투(929~930)에서 왕건이 승리할 수 있었던 것은, 고창의 호족 김선평(金宣平)·권행(權幸)·장정필(張貞弼)의 도움이 있었기 때문이다. 그래서 고려나 후백제는 신라의 영토를 잠식할지언정, 신라 왕실에 대해서는 존중하고 우호적인 입장이었다. 그 예로, 견훤만 해도 후백제의 왕을 칭하기 전 스스로에 긴 관직[301]을 부여하며 신라의 왕을 대리해 통치한다는 입장을 취했다. 견훤에 의한 서라벌 침공과 경애왕의 비극적인 죽음은, 이러한 신라를 송두리째 무너뜨린 것과 다름없었다.

한편 견훤은 헌강왕의 외손자 김부(金傅)를 신라의 왕으로 옹립했는데, 이가 신라의 마지막 왕인 경순왕(敬順王)이다. 천 년을 이어온 신라의 역사도 서서히 종지부를 찍을 때가 다가오고 있었다.

경애왕의 장지 기록

경애왕릉은 경상북도 경주시 배동 산 73-1번지로, 장지 기록은 『삼국사기』와 『동경잡기』에 남산 해목령(蟹目嶺) 아래 장사를 지낸 기록이 확인된다. 해목령은 남산 중턱에 있는, 게의 눈처럼 생긴 바위를 말한다. 현 경애왕릉은 배동 삼릉 인근에 있는데, 해목령의 위치와는 거리가 상당하기에 경애왕릉으로 보기 어렵다는 견해도

남산 해목령 ⓒ김환대

있다. 오히려 해목령 아래 왕릉을 조성했다면 위치상 현 일성왕릉 자리가 더 부합한다고 보기도 한다. 경애왕릉의 외형은 원형봉토분으로 후대에 설치된 상석이 자리하고 있다. 또한, 일제강점기에 제작된 『조선고적도보』에는 경애왕릉의 사진이 남아 있다.

포석정지

포석정지(鮑石亭址)는 경상북도 경주시 배동 454-3번지로, 사적 1호라는 상징성으로 많은 이들게에 각인된 장소다. 『신증동국여지승람』을 보면 부의 남쪽 7리, 금오산 서쪽 기슭에 포석정이 있으며, 포석정의 이름 유래는 돌의 형태가 포어(鮑魚), 즉 전복을 닮았기 때문에 붙여진 명칭이다.[302] 포석정은 유상곡수연(流觴曲水宴)이 행해진 장소이자 경애왕의 비극적인 죽음과도 관련이 있다. 또한 포석(砲石)명 기와가 출토되어 주목되었는데, 포석정을 단순히 연회 장소로 보는 것이 아닌 제의 시설로 해석하는 견해도 있다.

포석정

14

경순왕릉(敬順王陵)

경순왕(敬順王, 재위 927~935)은 헌강왕의 사위이자 신흥대왕(神興大王)으로 추봉된 이찬 효종(孝宗)과 계아태후(桂娥太后)의 소생으로, 이름은 김부(金傅)다. 경애왕의 비극적인 죽음 이후 신라의 영향력은 서라벌 지역에 국한될 정도로 쇠락해 사실상 독자 생존이 불가능했다. 누가 보더라도 후삼국의 향방은 고려와 후백제의 싸움에서 결정될 수순이었다. 신라는 최종 승자에게 마지막 남은 정통성을 넘겨줄 역할밖에 남지 않았다.

경순왕 시기 후삼국의 정세 변화는 극적이었다. 앞서 경애왕의 구원 요청을 받은 왕건은 5천 기병을 이끌고 서라벌에서 퇴각하는 견훤과 맞서려다 매복에 걸려 대패했는데, 이 전투가 공산 전투(927)다. 이 전투에서 왕건은 신숭겸(申崇謙)·김락(金樂)·전이갑(全以甲), 전의갑(全義甲) 형제 등의 장수와 군사들을 잃어야 했다. 공산에서 여덟 장수가 순절했다 하여 이때부터 팔공산(八公山)이라 불리게 된다.

지금도 대구에는 공산 전투의 흔적이 지명으로 남아 있는데, 파군재

경순왕의 초상화

연천 경순왕릉

(破軍岾)·안심(安心)[303]등이다.
이 전투에서 신숭겸은 왕건
의 옷을 대신 입고, 후백제
군을 교란했으며 그 사이
왕건은 가까스로 전장을 빠
져나갈 수 있었다. 하지만
신숭겸은 공산 전투에서 죽
게 되고,[304] 이에 왕건은 신

표충단(表忠檀). 공산 전투에서 왕건을 대신해 죽은 신숭
겸 장군을 기리기 위해 세운 단이다.

숭겸에게 장절공(壯節公)의 시호를 내렸다. 또한 명복을 빌기 위해 지묘사
(智妙寺)를 세우고, 자신이 쓰려던 묏자리를 신숭겸에게 줄 정도로 극진히
예우했다.[305]

공산 전투는 왕건에게 쓰라린 패배였다. 하지만 명분 싸움에서 유리하
게 작용했고, 그 결과 고창 전투(929~930)의 승부에 영향을 끼쳤다. 당시
고창의 호족 김선평(金宣平)·권행(權幸)·장정필(張貞弼)의 협조 속에 왕건
은 견훤을 꺾고 승리를 가져올 수 있었다.

고창 전투 이후 고려와 후백제의 균형은 점차 고려 쪽으로 넘어오게
되었다. 이 전투의 승전이 왕건에게 어떤 의미였는지는 안동(安東)의 지

신숭겸 장군의 동상

춘천 신숭겸 장군 묘역. 왕건은 자신이 쓰려던 묏자리를 신
숭겸 장군에게 주었다.

안동 태사묘(太師廟)

차전놀이. 고창 전투에서 파생이 되었다.

명을 통해 알 수 있다. 이때 고창은 안동으로 바뀌었는데, 안동은 동쪽
을 평안하게 했다는 뜻이다. 또한 고려와 후백제의 전투에서 유래한 민
속놀이가 있는데, 바로 차전놀이다. 이밖에 고창 전투의 승리에 기여했
던 김선평·권행·장정필의 사당인 태사묘(太師廟)가 안동 시내에 자리하
고 있다.

　이처럼 팽팽했던 승부의 균형추는 견훤의 아들 신검(神劍)의 반란으로,
고려로 급격히 기울기 시작했다. 935년, 견훤의 맏아들 신검이 반란을
일으켜 이복형제인 금강을 살해하고, 견훤을 금산사(金山寺)에 유폐시켰
다. 이후 견훤은 노구를 이끌고 자신이 세운 후백제를 탈출해 고려로 망
명했다. 이 소식이 신라로 전해지자 경순왕은 고려로 귀부할 뜻을 내비
쳤다.
　이에 마의태자(麻衣太子)는 사직을 보전할 것을 주장했으나 경순왕은 이
미 국운이 기울고 정세가 급격히 고려로 향하고 있는 상황과 더 이상 백
성들에게 고통을 안겨줄 수 없다는 현실적인 이유를 들어 고려로의 귀부
를 결정했다. 이후 사신 김봉휴(金封休)를 보내 고려에 이 같은 사실을 알

김제 금산사 미륵전(彌勒殿), 신검의 반란으로 견훤은 금산사에 유폐되었다.

리고, 경순왕이 직접 개경으로 올라가 귀부하는 것으로 신라 천 년의 역사는 막을 내렸다.

경순왕이 고려로 귀부하자 왕건은 자신의 딸 낙랑공주(樂浪公主)를 경순왕에게 보냈으며, 유화궁(柳花宮)을 내려주었다. 경순왕의 지위는 정승공(政承公)이라 하여, 태자보다 높았다. 이밖에 경주(慶州)[306]를 식읍으로 주었는데, 이는 고려 최초의 사심관(事審官)이 된 사례다. 이 모든 것은 경순왕이 피 흘리지 않고 고려로 귀부해준 것에 대한 보답이었다.

경순왕은 낙랑공주와의 사이에서 딸을 두었는데, 훗날 이 딸은 경종(景宗, 재위 975~981)과 혼인하면서 헌숙왕후(獻肅王后)가 되었다. 또한 경순왕의 백부인 김억렴(金億廉)의 딸이 왕건과 혼인해 낳은 아들이 훗날

안종(安宗)으로 추존된 왕
욱(王郁)으로, 그의 아들이
현종(顯宗, 재위 1009~1031)
이다. 그렇게 경순왕의 귀
부를 통해 고려 내에서의
신라인들의 입지는 강화되
었다.

파주 도라산 역, 도라산에는 경순왕의 아내인 낙랑부인이
지은 암자가 있었다고 한다.

후삼국이 고려로 통일되
고도 한참의 시간이 흐른
978년(경종 3) 4월에 경순왕은 세상을 떠났다.[307] 경순왕의 능은 전례에 따
라 경주에 조성되었어야 하나, 왕의 시신은 백 리를 벗어날 수 없다는 구
실로 연천군 장남면 고랑포리에 조성되었다. 경순왕릉이 경주에 조성될
경우 신라부흥운동의 빌미를 줄 수 있다는 현실적인 판단 때문인 것으로
보인다. 이 때문에 경순왕릉은 현재까지 확인된 신라왕릉 가운데 유일하
게 경주를 벗어난 왕릉이다.

이후 긴 시간 동안 경순왕릉의 존재는 어디에 있는지 알 길이 없다가,
1746년 동지(同知) 김응호(金應豪) 등이 장단(長湍)에서 경순왕의 지석과 신

연천 경순왕릉

경순왕릉의 묘표

도비가 발견되었다는 사실을 영조에게 알렸다.[308] 지금처럼 곡장과 석물을 세우는 등 수치(修治)한 뒤 고려왕릉의 예에 따라 수총군(守塚軍) 5인을 두었다.[309]

이후 일제강점기와 한국전쟁을 거치며 다시 실전되었던 경순왕릉은 1973년, 민통선을 수색하던 군인들에 의해 비석이 발견되면서 우리 곁으로 돌아올 수 있었다. 경순왕릉은 경기도 연천군 장남면 고랑포리 산 18-2번지로, 총탄 자국이 선명한 경순왕릉의 묘표에는 신라경순왕지묘(新羅敬順王之陵)가 새겨져 있다. 또한, 능역에는 신도비라고 전해져오는

숭혜전(崇惠殿), 최초 경순왕의 사당으로 지어졌으며, 지금은 미추왕과 문무왕, 경순왕의 위패가 봉안되어 있다.

비석이 있는데 마멸이 심한 탓에 현재는 몇 글자를 제외하면 판독이 어려워, 어떤 내용인지는 알 수 없다.

귀부를 택한 경순왕은 망한 왕조로는 드물게 좋은 대접을 받았는데, 신라에서 고려로 정통성이 승계된 상징성과 함께 귀부의 타이밍 역시 절묘했기 때문이다.

또한 이 선택 덕분에 무고한 백성들이 피 흘리지 않은 점 역시 호평받는 부분이다. 따라서 경순왕의 선택은 불가피한 결정임과 동시에 누릴 수 있는 것을 최대로 얻어낸 것으로 평가된다.

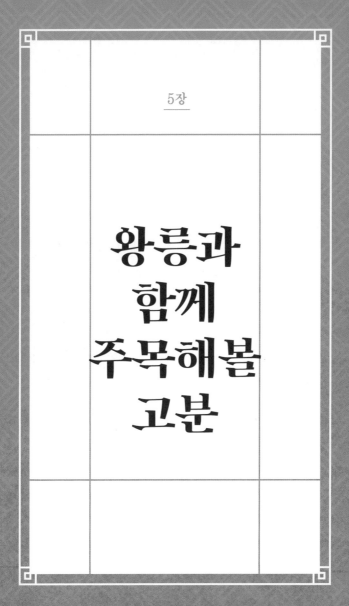

5장

왕릉과
함께
주목해볼
고분

　마립간 시기의 왕릉 추정지(대릉원 권역)

적석목곽분과 신라 금관

적석목곽분이란?

경주 시내를 걷다 보면 규모가 큰 무덤들을 볼 수 있는데, 황남대총과 천마총 등이 있는 대릉원(大陵園)이 특히 유명하다. 그런데 대릉원의 고분 중 상당수는 마립간 시기의 무덤으로, 특이한 무덤 양식이 눈길을 끈다. 바로 돌무지덧널무덤으로 불리는 적석목곽분이다.

천마총의 내부. 목곽과 적석, 봉토 등 적석목곽분의 구조를 볼 수 있다.

적석목곽분은 제작 방식에 따라 지하식과 지상식으로 구분되는데, 경주 지역에서 확인되는 적석목곽분의 기본 형태는 나무로 관곽과 부곽을 짠 뒤 나무 틈과 위로 돌을 쌓고, 흙을 덮어 봉분을 완성하는 방식이다. 이는 동 시기의 고구려와 백제에서 확인되는 돌무지무덤과는 확연한 차이를 보인다.

이러한 적석목곽분은 그동안 기원과 관련해 여러 견해들이 있었는데,

쪽샘지구 발굴 현장. 적석목곽분으로, 무덤 주인은 왕실의 여인으로 추정된다. ⓒ김환대

크게 ▶2원적 계통관 ▶북방기원설 ▶자체발전설 등이다. 2원적 계통관이란 적석목곽분의 주요 부분에 해당하는 목곽과 적석 부분을 따로 분리해, 한반도에서 기원을 찾는 것이다.

예를 들면, 마립간 시기 이전 조성되던 목곽묘에 고구려식 적석총이 합쳐지면서 적석목곽분이 만들어졌다고 보는 식이다. 김용성(2006)은 '묘광과 묘곽 사이에 흙을 채우고 봉토를 덮는 방식의 목곽묘가 영남 지방에 성행한 근거를 들어 재래식 목곽묘에서 적석이라는 아이디어를 보강한 것으로, 여기서 적석은 고구려 적석총에서 찾아야 한다'고 말했다.[310] 반면 최병현(2016)은 '황남대

경주 금령총 출토 기마인물형 토기. 인물 뒤로 동복(銅鍑, 청동솥)이 확인된다.

총 남분의 구조를 예로 들며 각각을 분리해도 묘제의 선행 구조가 찾아지지 않는다'며, '목곽과 적석부, 원형의 봉토와 호석 등의 기본구조 전체를 일체적 구조로 봐야 한다'고 했다.[311]

북방기원설의 경우 적석목곽분의 기원을 북방과 중앙아시아에서 찾는다. 해당 지역에서 확인되는 쿠르간(Kurgan)이 적석목곽분과 매우 유사하기 때문이다. 그렇기에 이들 문화가 신라로 유입되며 적석목곽분이 만들어진 것으로 해석하는 것이 북방기원설이다. 그러나 북방기원설에도 문제가 없는 것은 아니다. 알타이와 카자흐스탄의 이식 등에서 확인되는

적석목곽분의 연대는 청동기로 거슬러 올라간다. 반면 신라에서 확인되는 적석목곽분은 마립간 시기인 4세기 중반부터 6세기 초반으로, 연대의 차이가 발생한다. 그렇기에 적석목곽분의 기원이 쿠르간이라면 한반도로 유입된 계기가 명확하지 않

카자흐스탄 베샤티르 고분. 쿠르간(Kurgan)으로 불리는 적석목곽분이다. ⓒ강인욱

다. 마지막으로 자체발전설의 경우, 목곽묘가 발전하며 자연스럽게 진화를 통한 구조상의 변화를 겪었다는 것이다. 이처럼 적석목곽분의 기원과 관련한 견해는 다양하기에, 이 부분은 향후 연구자들의 추가 성과를 지켜볼 필요가 있다.

금관을 쓴 사람들

신라를 대표하는 문화재 중에는 금관이 있다. 휘황찬란한 황금에 곡옥과 잎 장식 등이 있는 금관은, 시기에 따른 형태의 차이가 있지만 마립간 시기에 조성된 것으로 확인된다. 마립간 시기는 신라 내물마립간과 지증마립간까지로, 이중 가장 이른 시기의 금관은 교동 금관

교동 금관

이다. 교동 금관의 경우 교동의 한 고분군에서 도굴된 것을 후에 되찾은 것이며, 산(山)자 형태의 나무가 확인된다.

천마총 출토 금관   황남대총 북분 출토 금관

신라 금관의 기원과 관련해, 북방 기원설과 신라 자체에서 만든 것이라는 주장을 두고 견해가 엇갈린다. 이는 고고학과 미술사, 민속학 등 각자 바라보는 영역에서 각기 다른 해석을 하기 때문이다.

북방기원설의 경우 아프가니스탄 틸리야테페 금관, 카자흐스탄의 이식에서 출토된 황금 인간, 크림반도 호흘라치에서 출토된 금관 등에서 나무와 사슴이 확인되어, 이러한 문화가 신라로 전해진 것으로 보는 입장이다. 실제 시베리아 샤먼의 관에서는 사슴뿔이 확인되고 있고, 요령성 북표현 방신촌(房身村)에서 출토된 보요관(步搖冠)의 형태 역시 나무다. 이는 북방의 문화가 초원의 길을 따라 신라로 건너왔음을 보여준다.[312] 반면 신라 금관을 외부 유입이 아닌 자체적으로 만든 것으로 보는 견해도 있는데, 임재해 교수(안동대)는 금관의 장식인 출(出)을 '김알지의 탄생 설화가 전하는 계림 숲의 나무를 형상화한 것'이라 해석했다. 또한 박선희 교수(상명대)는 상투에 맞게 제작한 관모의 전통을 예로 들며, '신라 금관이

크림반도 호흘라치 출토 금관. 나무와 사슴이 확인된다. ⓒ강인욱

시베리아 샤먼의 관 ⓒ강인욱

자생적으로 발전한 것'이라는 견해를 밝힌 바 있다.[313]

금관은 크게 권위의 상징과 문화의 관점으로 해석된다. 특히 마립간 시기 무덤에서 집중적으로 출토되고 있기에 금관은 신라 김씨를 상징하는 것으로 봐야 한다. 이러한 금관의 용도와 관련해 제례용과 장례용 등으로 의견이 나뉜다. 제례용은 실제 금관을 쓰고 제사의식을 진행했다고 보는 경우다. 실제 『삼국사기』에는 시조묘에 대한 참배 기록이 확인되고 있고, 경주 나정 유적의 발굴 조사 결과 제사 때 쓰고 버린 토기들이 확인된 바 있다. 반면 황남대총 북분과 황남동 120-2호분의 발굴 결과를 보면, 금관의 위치가 얼굴을 덮고 있는 형태라는 점에서 장례용으로 만들었을 가능성을 배제할 수 없다. 또한 금관총을 비롯해 금령총·서봉총·천마총 등에서 금관과 금동관이 함께 출토되었는데, 금관을 장례용으로 볼 경우 실생활에서는 금동관을 사용했을 가능성도 있다.

한편 출(出)자와 사슴뿔 형태의 금동관은 경주 이외에 강원도와 경상북

강릉 초당동 출토 금동관

동해 북평동 출토 동관(복제)

도, 대구광역시를 비롯해 옛 가야 지역 등에서 발견되고 있다. 금동관이 출토되는 시기는 신라의 중앙집권화가 이루어지지 않은 시점이다. 때문에 신라 중앙에서 금동관을 제작해 지방의 유력자들에게 하사품의 형태로 전달했던 것으로 보인다. 하지만 법흥왕 때 율령의 반포와 불교의 공인, 골품제의 확립 등을 통해 신라 중앙의 힘이 강해지고, 지방관을 파견하는 등의 지방통치가 이루어지면서 금

대구 달성고분 출토 금동관

동관은 사라진 것으로 추정된다. 이후 금관의 형태는 출(出)자 형태를 유지한 동관만이 남아 민간신앙의 형태로 명맥을 유지했던 것으로 보인다.

이처럼 마립간 시기의 대표적인 무덤 양식이자 유물인 적석목곽분과 신라 금관은, 신라 김씨의 권력 과시와 새로운 권위를 창출하기 위한 것

으로, 마립간 시대를 보여주는 일종의 타임캡슐이다. 아직도 경주 시내에는 상당수의 적석목곽분이 그대로 남아 있기에, 향후 발굴 조사 결과에 따라 의미 있는 결론이 도출될 것으로 기대된다.

금관을 썼다고 모두 왕이 아니다!

대부분 금관은 왕만 쓰는 것이라고 생각하기 쉽다. 그러나 이는 잘못된 것이다. 현재까지 확인된 신라 금관은 모두 6점으로 ▶교동 금관 ▶금관총 금관 ▶금령총 금관 ▶서봉총 금관 ▶천마총 금관 ▶황남대총 북분 금관이다. 이 중 가장 이른 시기의 금관은 교동 금관, 가장 후대의 금관은 천마총 금관이다. 천마총 금관과 금관총 금관은 성인 남자가 쓴 것으로 확인되었지만, 황남대총 북분 금관은 왕비, 금령총 금관의 왕자가 쓴 것으로 보인다. 따라서 신라 금관은 왕만 쓴 것이 아니라 왕실 가족과 갈문왕 등 친족 등도 쓴 것으로 추정된다.

황남대총

황남대총(皇南大塚, 98호분)은 남분과 북분 등 두 기의 고분이 서로 붙어 있는 형태로, 마치 낙타 등, 혹은 표주박처럼 생겨 표형분(瓢形墳)이라 불린다. 황남대총의 발굴은 당시에도 큰 이슈였는데, 천마총 발굴 조사 직후인 1973년 북분 발굴이 진행되었고, 이어 1975년에는 남분의 발굴 조사가 진행되었다. 발굴 조사 결과 북분의 무덤 양식은 적석목곽분으로, 금관을 비롯해 화려한 황금유물이 쏟아졌다. 특히 무덤 주인의 성별을 알 수 있는 중요한 단서가 나왔는데, 바로 은제 허리띠 장식에 새겨진 부인대(夫人帶) 명문이다. 당시 부인은 높은 신분의 여성을 지칭한 말로, 무령왕릉에서 출토된 은제팔찌에는 왕비를 대부인으로 표기하고 있다. 따라서 황남대총 북분의 무덤 주인은 여성이며, 당시에는 여왕이 없었기에 무덤의 규모와 부장품 등을 고려할 때 왕비로 추정된다.

그렇다면 정황상 남분의 무덤 주인은 왕일 가능성이 높았고, 1975년,

황남대총 북분 금관

북분

남분

황남대총 남분 은관

황남대총

남분에 대한 발굴 조사가 이루어졌다. 하지만 뜻밖에도 남분에서는 금관이 출토되지 않았다. 금관보다는 격이 낮은 금동관과 신라에서는 형태를 찾기 어려운 황남대총 은관이 나온 것이다. 더욱이 황남대총 은관은 의성 탑리 고분에서 출토된 금동관, 고구려 지안에서 출토된 고구려 관장식 등과 유사한 형태다. 그래서 황남대총 남분의 무덤 주인은 신라가 고구려에 예속화된 시기의 왕으로 추정된다.

현재까지 황남대총이 누구의 무덤인지는 명확하게 밝혀지지 않았다. 다만 연구자들이 공통적으로 동의하는 부분은, 황남대총의 규모와 부장

황남동 119호분. 김용성(2015)은 해당 고분을 내물
왕릉으로 비정하고 있다.

품을 고려할 때 왕릉으로 보는
것에 큰 이견이 없다는 점과 출
토된 유물의 편년을 통해 마립
간 시기의 초기에 조성된 것으
로 보는 점은 일치하고 있다. 이
를 종합해보면 황남대총의 남분
은 ▸내물마립간 ▸실성마립간 ▸
눌지마립간 중 한 명일 가능성
이 높고, 북분의 경우 자연스럽
게 왕비의 능일 가능성이 높다. 여기서 황남대총 남분의 무덤 주인이 누
구인지에 대한 견해가 엇갈리는데, 김용성(2015)의 경우 황남대총을 눌지
마립간, 황남동 119호분을 내물왕릉으로 보고 있다. 반면 황남대총을 내
물왕릉으로 보는 설과 실성왕릉으로 보는 견해[314]도 있는 등, 황남대총이
누구의 무덤인지는 명확한 증거가 나오지 않는 이상 고증이 어려운 부분
이다. 다만 황남대총이 마립간 시기에서도 초기에 해당하는 왕릉급 고분
인 점은 분명하기에, 신라왕릉을 이해하는 데 주목해야 할 장소인 것만
큼은 틀림없다.

천마총

1973년 4월 6일부터 12월 4일까지
발굴 조사가 진행된 천마총(天馬塚,
155분)은 천마도장니(天馬圖障泥)가 출
토되어 명명된 이름이다. 금관을 비
롯한 황금유물과 환두대도(環頭大刀),
천마도장니 등 수많은 유물이 출토

천마총 ⓒ김환대

천마총 내부 재현. 목곽과 부곽

되어 이목이 집중되었다. 그런데 당시 발굴 단장인 김정기 박사의 증언에 따르면, 천마총의 발굴은 애초 계획에 없던 일이었다고 한다. 원래 황남대총 발굴이 계획되어 있었는데, 워낙 부담감이 컸기에 연습 삼아 인근에 있던 155호분의 발굴이 먼저 진행되었다. 고로, 기대하지 않았던 155호분의 발굴 과정에서 세기의 발견이 있었던 것이다. 천마총에서 가장 눈길을 끄는 유물은 천마도장니와 화려한 신라 금관이다. 천마도장니는 자작나무 껍질 위에 천마도를 그린 회화 작품이었기에, 이러한 유물이 수습되리라고는 아무도 예상하지 못했다. 유물이 출토된 것을 보고 다리에 힘이 풀려 주저앉을 뻔했다는 김정기 박사의 말이 결코 빈말이 아닌 것이다.[315] 천마도장니는 발굴 이후 노출로 인한 훼손이 우려되어 긴급히 국립중앙박물관으로 옮겨졌고, 현

금령총 출토 기마인물형 토기에서 확인되는 장니 (말다래)

천마도장니(A, 복제)

천마도장니(B, 복제)

재 수장고에 보존 중이다.[316]

두 번째 유물은 신라 금관으로,
천마총 금관은 현재까지 확인된 6
기의 신라 금관 중 가장 늦은 시기
에 제작되었으며, 가장 완성도 있는
금관으로 평가된다. 다만 봉분의 크
기가 작은 데다 금관은 왕만 쓴 것
이 아니기에 천마총을 왕릉으로 보
는 것은 추가적인 연구와 검증이 필
요하다. 그럼에도 천마총을 왕릉으
로 볼 경우, 출토된 유물의 연대가
5세기 말에서 6세기 초반으로 추정
된다는 점에서 소지마립간(炤知麻立
干) 혹은 지증마립간(智證麻立干)의 능일 가능성이 있다.

천마총 출토 금관

금관총

금관총(金冠塚)은 이름 그대로 금관
이 처음으로 출토되어 붙여진 명칭
이다. 1921년에 발굴이 진행된 금관
총은 비전문가들에 의해 사실상 유
물 수습 위주로 이루어졌다. 따라서
제대로 된 기록도 남기지 못했다. 그
러던 2015년 금관총에 대한 재발굴
이 이루어졌고, 이때 출토된 이사지
왕도(尒斯智王刀)가 새겨진 끝 장식이

금관총

기존 출토품(이사지왕도 삼루대도)의 것으로 확인되었다. 또한 기존에 출토
된 다른 큰칼 2점에도 이사지왕(尒斯智王)과 이(尒)가 새겨져 있다. 이밖에
다른 유물에서도 이사지왕과 관련 명문이 확인되었기에, 금관총의 무덤
주인이 이사지왕인 것은 분명하다.

하지만 문헌 기록에서는 이사지왕과 관련한 내용을 찾을 수가 없어,
그 정체에 대한 궁금증이 커질 수밖에 없다. 또한 신라 때 왕의 호칭은
왕만 쓴 것이 아니었기에, 금관총을 왕릉이라고 단정해서는 안 된다.[317]

2015년에 있었던 금관총의 재발굴 조사. 적석
목곽분의 구조가 확인되었다. ⓒ김환대

금관총 보존전시공간 ⓒ김환대

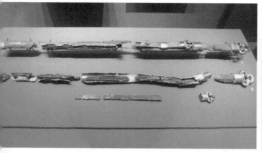  

금관총 출토, 이사지왕(尒斯智王)의 명문이 새 이사지왕(尒斯智王刀) 이사지왕도(尒斯智王刀)
겨진 큰칼 A B

실제 왕의 친족 가운데 갈문왕(葛文王)을 봉한 사례도 있으며, 포항 냉수
리비에서 확인된 전세이왕(前世二王)과 차칠왕(此七王) 등의 사례는 왕족과
육부 대표 등, 고위 귀족들 역시 왕호를 사용했음을 보여준다. 또한, 봉
분의 크기가 황남대총과 봉황대 등에 비해 작다는 점도 왕릉이 아니라는
주장에 힘을 싣고 있으며, 이사지왕의 명문이 새겨진 대도의 위치를 볼
때 무덤 주인이 착장하지 않은 것으로 보인다는 견해도 있다. 이처럼 출
토되는 유물로 보아 '금관총=이사지왕릉'인 것은 확실해 보이나, 이사
지왕이 누구인지에 대해서는 명확하게 밝혀지지 않은 상태로, 향후 연구
성과를 주목할 필요가 있다.

02 경주 김유신 묘[318]

신라 역사에서 김유신은 단연 특별한 존재다. 이를 보여주듯 『삼국사
기』 열전 대부분이 김유신에 대한 기록으로, 오히려 본기에 있는 왕들의
기록보다 상세할 정도다. 김유신은 흥덕왕 때 흥무대왕(興武大王)으로 추

태령산 정상에 있는 김유신 태실

담안밭. 김유신이 태어난 장소에 큰 담이 있다 하여 붙여진 이름이다.

봉되었다.[319] 역사상 신하이면서 동시에 왕으로 추봉되었다는 점에서, 김유신이 신라에 얼마나 큰 영향을 끼쳤는지 알 수 있다. 김유신의 가계를 거슬러 올라가면, 그는 신라에 항복했던 금관가야의 후손이었다. 532년 구형왕은 세 아들인 노종(奴宗)과 무덕(武德), 무력(武力)과 함께 항복했는데, 이 중 무력의 아들이 김서현이며, 김서현과 만명부인 사이에서 태어난 아들이 김유신이었다.

김유신의 조부 김무력은 진흥왕 시기 활약했던 장수로, 영토 확장 과

산청 傳 구형왕릉

양산 취서사(鷲棲祠). 김무력과 김서현의 위패를 봉안한 사당이다.

정에서 핵심적인 장군으로 활약했다. 실제로 「북한산신라진흥왕순수비」와 「창녕신라진흥왕척경비」, 「단양신라적성비」 등에서 그의 이름이 확인된다. 김무력은 개척된 신주(新州)의 초대 군주로 임명되었으며, 백제와의 중요한 일전인 관산성 전투에서도 활약을 펼쳤다. 이러한 공으로 그의 벼슬은 각간(角干)에 이르렀다. 골품제가 유지된 신라에서 각간의 지위는 오직 진골만이 오를 수 있었기에, 김유신의 가계가 신라의 진골로 편입되었음을 보여준다.

이는 김무력의 아들 김서현도 마찬가지였다. 김서현은 당시 국경이자 변방이라고 할 수 있는 만노군(萬弩郡)의 태수를 지냈는데, 이곳에서 김유신이 태어났다. 만노군은 현 충청북도 진천군으로, 현재도 김유신의 탄생지인 담안밭과 태령산(胎靈山)의 정상에 김유신의 태실[320] 등이 남아 있다.

김유신은 왜 말 목을 잘랐을까?

대부분 김유신을 떠올렸을 때, 말 목 자른 일화가 생각날 것이다. 해당 이야기를 요약해보면 김유신과 천관녀는 좋아하는 사이였지만, 어머니인 만명부인의 꾸짖음 때문에 김유신은 더 이상 천관녀를 만나지 않기로 다짐했다. 그러던 어느 날 술에 취한 김유신이 말을 타고 가던 중, 말이 평소처럼 천관녀의 집 앞으로 향했고 이에 김유신이 말 목을 잘랐다는 내용이다.

그렇다면 김유신은 왜 말 목을 잘라야 했을까? 이유는 신분의 차이였다. 당장 김유신의 아버지 김서현과 어머니 만명부인의 혼인부터 순탄하지 않았다.

천관사지 삼층석탑

경주 천관사지

김서현의 가문은 신분상 진골로 편입되었지만, 가야 출신이라는 한계가 존재했다. 그랬기에 이를 상쇄할 수 있는 공적이 필요했다. 그 결과 김무력·김서현·김유신 삼부자는 모두 신라의 장군이 되어 영토 확장 및 국경의 최전선에서 활약해야 했다. 이와 달리 만명부인의 신분은 훨씬 높았다. '사부지갈문왕 – 숙흘종(肅訖宗) – 만명부인'으로 이어졌으니 말이다.

숙흘종은 진흥왕의 동생이었기에, 만명부인은 성골의 신분일 가능성이 높다. 성골의 혼인은 왕위 계승에도 변화를 가져올 수 있는 부분이었다. 그런데 만명부인이 가야 출신의 김서현과 혼인하겠다고 했으니, 이들을 바라보는 인식은 환영받지 못한 야합(野合)이자 스캔들이었다.

아니나 다를까, 숙흘종은 반대를 넘어 만명을 집안에 가두면서까지 혼인을 저지시키려 했다. 그럼에도 만명은 기어이 김서현을 따라나서기 위해 야반도주를 감행했다. 그 결과 만명은 만노군으로 갈 수 있었고, 그곳에서 김유신이 태어난 것이다.

기녀로 알려진 천관녀의 신분은 인정받기 어려웠고, 만명부인의 강한 반대에 김유신은 어머니의 뜻을 받아들였다. 이 서사가 '말 목 자른 김유신'으로 구체화된 것이다.

김유신 묘는 신라왕릉?

김유신 묘. (좌) 新羅太大角干金庾信墓 (우) 開國公純忠壯烈興武王陵

김유신의 묘는 경상북도 경주시 충효동 산7-10번지로, 『삼국사기』 김유신 열전을 보면 금산원(金山原)에 장사를 지낸 뒤 비석을 세운 것을 알 수 있다.[321] 훗날 흥덕왕 때 흥무대왕(興武大王)으로 추봉되었기에, 흥무왕릉으로도 불린다. 이와 관련해 김유신 묘에는 재미있는 현상이 하나 있는데, 비가 오면 김유신 묘 비석의 글자 중 능(陵)이 묘(墓)로 바뀌는 현상을 볼 수 있다. 이는 처음 비석을 세울 때 묘로 글씨를 새겼다가, 훗날 능으로 바꾸면서 생긴 현상이다.

김유신 묘는 진위 여부와 관련한 논란이 있다. 다름 아닌 묘의 화려함 때문이다. 현 김유신 묘는 탱석에 십이지신상을 조각하고, 난간석을 두른 형태다. 봉분 앞쪽에는 안상이 새겨진 상석이 있는데, 이러한 형태는 성덕왕릉을 시작으로 흥덕왕릉에서 확인되고 있다. 김유신과 동 시기의 인물로, 무덤 주인이 명확하게 밝혀진 무열왕릉과 비교해보면 김유

김유신 묘 비석. 좌측 비석은 조선 숙종 때 경주부윤이 세운 비로, '新羅太大角干金庾信墓'가 새겨져 있다. 우측 비석은 후손들이 세운 비로, '開國公純忠壯烈興武王陵'이 새겨져 있다.

신 묘의 화려함은 상대적으로 빛난
다. 이처럼 김유신 묘의 조성 연대
가 차이 나기에 진위 여부 관련 논
란이 있고, 김유신 묘가 신라왕릉
이라고 보는 연구자들도 있다.

비가 오면 능(陵)이 묘(墓)로 바뀐다.

일부에서는 흥무대왕으로 추봉된
뒤, 김유신 묘의 개수가 있었을 것
으로 추정하지만 문제는 그와 관련한 기록이 없다는 점이다. 만약 개수
를 했다고 해도 무열왕릉은 그대로 두면서, 김유신 묘만 개수를 하는 부
분은 여전히 납득하기 어렵다. 따라서 김유신 묘는 개수한 것이 아니라
면, 규모와 십이지신상 등을 따졌을 때 신라왕릉으로 보는 것이 타당하
다는 것이다. 이와 관련해 이근직(2012)은 반가사유상이 출토된 현 금산

무열왕릉과 김유신 묘의 비교

재(金山齋)를 『삼국사기』에 기록된 모지사(毛祇寺)로 보고, 서쪽에 있는 김유신 묘를 경덕왕릉으로 비정한 바 있다.[322] 또한 김용성(2012)은 호석과 능원의 변천 과정에 비추어 김유신 묘를 신무왕릉으로 본다는 견해를 밝히기도 했다.[323]

03 주목할 만한 왕릉급 고분

경주 구정동 방형분

구정동 방형분은 경상북도 경주시 구정동 492번지로, 무덤의 이름에서 알 수 있듯 방분(方墳, 네모) 형태다. 이는 경주에서 유일하게 확인된 사례다. 무덤 양식은 횡혈식석실분으로, 무덤의 둘레에 십이지신상이 새겨져 있다. 국립경주박

구정동 방형분

물관으로 옮겨진 모서리 기둥에는 호인상과 석사자상이 조각되어 있는데, 이를 통해 흥덕왕릉 이후 석상 형태의 호인상과 석사자상이 모서리 기둥에 돋을새김 방식으로 변화했음을 알 수 있다.

현재 구정동 방형분은 석실의 내부 관람이 가능한데, 지금도 시신을 안치했던 석관이 남아 있다. 규모와 십이지신상이 새겨진 것을 미루어 왕이나 고위 귀족의 무덤으로 추정되며, 이근직(2012)은 구정동 방형분을 민애왕릉, 김용성(2012)은 경문왕릉으로 비정한 바 있다.

구정동 방형분의 내부

십이지신상이 새겨진 탱석

경주 소현리 고분

경주 소현리 고분

경주 소현리 고분은 경상북도 경주시 현곡면 소현리 산126-3번지로, 지난 2013년 울산·포항 복선전철 구간의 공사 중 존재가 확인되었다. 해당 무덤은 이상의 호석을 두른 형태로, 호석의 받침석이 발견되었다. 전반적인 형태는 傳 민애왕릉과 유사하며, 호석에 덧댄 십이지신상 7기가 출토되어 눈길을 끌었다. 무덤 양식은 횡혈식 석실분으로, 내부는 연도(羨道)와 석실(石室), 외부는 호석과 받침석, 봉토 등으로 이루어졌다. 연대는 출토된 토기 편을 통해 8세기 초반~중반으로 추정되며, 십이지신상이 출토되었다는 점에서 왕릉급, 혹은 고위 귀족의 무덤으로 추정된다.[324]

경주 신당리 고분

경주 신당리 고분은 경상북도 경주시 천북면 신당리 산7번지로, 지난 2013년 발굴 조사가 진행되었다. 그 결과 돌을 다듬은 호석과 받침석이 확인되었으며, 내부에서는 연도와 석실 구조가 드러났다. 석실에서는 석주(石柱) 3기가 발견되었으며, 이밖에 유개대부완 2점과 대부완 3점, 녹유도기 뚜껑 1점 등의 토기 편도 출토되었다. 고분의 형태와 축조 방법은 헌강왕릉과 유사하며, 규모를 봤을 때 왕릉급 혹은 고위 귀족의 무덤으로 추정된다.[325]

경주 신당리 고분 ⓒ김환대

경주 신당리 고분, 발굴 조사로 드러난 호석과 받침석 ⓒ김환대

신라왕릉
십이지신상

표 19. 성덕왕릉의 십이지신상

표 계속▷

표 20. 경덕왕릉 십이지신상

자(子, 쥐)	축(丑, 소)
인(寅, 호랑이)	묘(卯, 토끼)
진(辰, 용)	사(巳, 뱀)

표 계속▷

오(午, 말)

미(未, 양)

신(申, 원숭이)

유(酉, 닭)

술(戌, 개)

해(亥, 돼지)

표 21. 원성왕릉 십이지신상

자(子, 쥐)	축(丑, 소)
인(寅, 호랑이)	묘(卯, 토끼)
진(辰, 용)	사(巳, 뱀)

표 계속▷

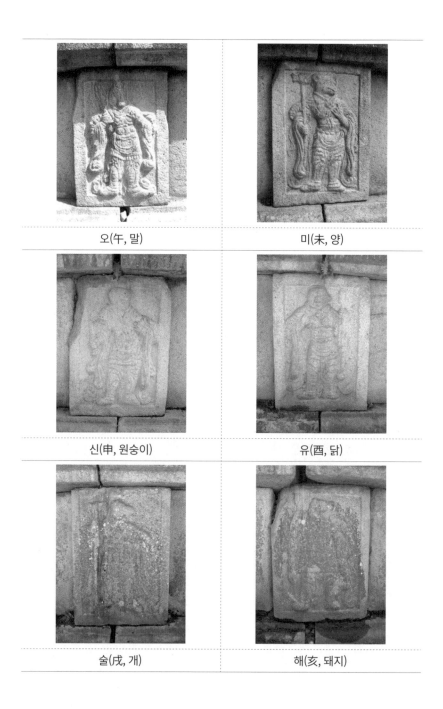

오(午, 말)	미(未, 양)
신(申, 원숭이)	유(酉, 닭)
술(戌, 개)	해(亥, 돼지)

표 22. 헌덕왕릉 십이지신상

자(子, 쥐)

축(丑, 소)

인(寅, 호랑이)

묘(卯, 토끼)

해(亥, 돼지)

표 23. 흥덕왕릉 십이지신상

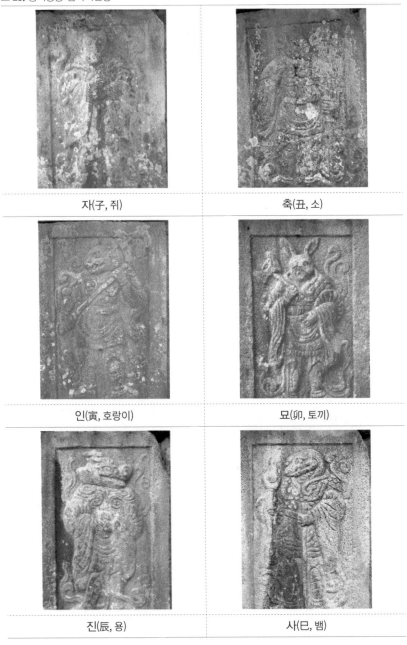

자(子, 쥐)	축(丑, 소)
인(寅, 호랑이)	묘(卯, 토끼)
진(辰, 용)	사(巳, 뱀)

오(午, 말) 　 미(未, 양)

신(申, 원숭이) 　 유(酉, 닭)

술(戌, 개) 　 해(亥, 돼지)

표 24. 진덕여왕릉 십이지신상

자(子, 쥐)	축(丑, 소)
인(寅, 호랑이)	묘(卯, 토끼)
진(辰, 용)	사(巳, 뱀)

오(午, 말)

미(未, 양)

신(申, 원숭이)

유(酉, 닭)

술(戌, 개)

해(亥, 돼지)

표 25. 구정동 방형분 십이지신상

자(子, 쥐)	축(丑, 소)
인(寅, 호랑이)	묘(卯, 토끼)
진(辰, 용)	사(巳, 뱀)

오(午, 말)	미(未, 양)
신(申, 원숭이)	유(酉, 닭)
술(戌, 개)	해(亥, 돼지)

표 26. 능지탑 십이지신상

자(子, 쥐)

축(丑, 소)

인(寅, 호랑이)

묘(卯, 토끼)

진(辰, 용)

오(午, 말)

미(未, 양)

신(申, 원숭이)

유(酉, 닭)

표 27. 김유신 묘 십이지신상

자(子, 쥐)	축(丑, 소)
인(寅, 호랑이)	묘(卯, 토끼)
진(辰, 용)	사(巳, 뱀)

오(午, 말)

미(未, 양)

신(申, 원숭이)

유(酉, 닭)

술(戌, 개)

해(亥, 돼지)

신라왕릉 일람표[326]

	왕명	성	삼국사기 (장지)	삼국유사 (장지)	강인구 안	이근직 안	김용성 안	비고
1	혁거세거서간 (오릉)	박	사릉(蛇陵), 담암사 북쪽 (曇巖寺北)	사릉(蛇陵), 담엄사 북릉 (曇嚴寺北陵陵)	–	–	–	
2	남해차차웅 (오릉)	박	사릉원 (蛇陵園)	–	–	–	–	
3	유리이사금 (오릉)	박	사릉원 (蛇陵園)	–	–	–	–	
4	탈해이사금	석	성의 북쪽 양정 언덕 (葬城北壤井丘)	소천구(疏川丘), 토함산 동악 (土含山 東岳)	–	–	–	토함산 탈해 사당지
5	파사이사금 (오릉)	박	사릉원 (蛇陵園)	–	–	–	–	
6	지마이사금	박	–	–	–	–	–	
7	일성이사금	박	–	–	–	–	–	
8	아달라이사금 (삼릉)	박	–	–	–	–	–	
9	벌휴이사금	석	–	–	–	–	–	
10	내해이사금	석	–	–	–	–	–	
11	조분이사금	석	–	–	–	–	–	
12	첨해이사금	석	–	–	–	–	–	
13	미추이사금	김	대릉(大陵), 죽장릉(竹長陵)	흥륜사 동쪽 (興輪寺東), 죽현릉(竹現陵)	–	–	–	
14	유례이사금	석	–	–	–	–	–	
15	기림이사금	석	–	–	–	–	–	
16	흘해이사금	석	–	–	–	–	–	
17	내물마립간	김	–	점성대 서남 (占星臺西南)	–	–	인왕동 119호분	황남대총 남분?

18	실성마립간	김	–	–	–	–	–	황남대총 남분?
19	눌지마립간	김	–	–	–	–	황남대총 남분	황남대총 남분?
20	자비마립간	김	–	–	–	–	–	
21	소지마립간	김	–	–	–	–	–	금관총? 천마총?
22	지증왕	김	–	–	–	–	–	천마총?
23	법흥왕	김	애공사 북쪽 봉우리 (哀公寺北峯)	애공사 북쪽 (哀公寺北)	서악동 1호분	서악동 4호분	서악동 4호분	(김정희) 서악동 1호분
24	진흥왕	김	애공사 북쪽 봉우리 (哀公寺北峯)	–	서악동 2호분	서악동 2호분	서악동 3호분	(김정희) 서악동 2호분
25	진지왕	김	영경사 북쪽 (永敬寺北)	애공사 북쪽 (哀公寺北)	서악동 3호분	서악동 1호분	서악동 2호분	
26	진평왕	김	한지(漢只)	–	헌덕왕릉	–	–	
27	선덕여왕	김	낭산(狼山)	낭산(狼山)	선덕여왕릉	선덕여왕릉	선덕여왕릉	
28	진덕여왕	김	사량부 (沙梁部)	–	지마왕릉	–	–	(박홍국) 도당산 고분
29	무열왕	김	영경사 북쪽 (永敬寺北)	애공사 동쪽 (哀公寺東)	무열왕릉	무열왕릉	무열왕릉	
30	문무왕	김	동해 큰 바위, 대왕석(大王石)	감은사동해바다 (感恩寺東海中)	문무왕릉	문무왕릉	문무왕릉	
31	신문왕	김	낭산 동쪽 (狼山東)	–	진평왕릉	진평왕릉	진평왕릉	
32	효소왕	김	망덕사 동쪽 (望德寺東)	망덕사 동쪽 (望德寺東)	신문왕릉	신문왕릉	신문왕릉	
33	성덕왕	김	이거사 남쪽 (移車寺南)	동촌 남쪽, 양장곡(東村南, 楊長谷)	정강왕릉	성덕왕릉	성덕왕릉 (개축)	

표 계속▷

순번	왕	성						
34	효성왕	김	법류사 남쪽 화장, 동해 산골 (法流寺南 散骨東海)	법류사 화장 동해 산골 (法流寺火葬 骨散東海)	–	–	–	傳 황복사지 동편 폐고 분지 (가릉)
35	경덕왕	김	모지사 서쪽 봉우리 (毛祇寺西岺)	경지사 서쪽 봉우리, 양장곡 이장 (頃只寺西岺, 移葬楊長谷)	헌강왕릉	김유신묘	–	
36	혜공왕	김	–	–	傳 민애왕릉	–	傳 민애왕릉	
37	선덕왕	김	화장, 동해 산골 (散骨東海)	–	–	–	–	
38	원성왕	김	봉덕사 남쪽 화장(柩燒於奉德寺南)	곡사(숭복사), 鵠寺(崇福寺)	성덕왕릉	원성왕릉	원성왕릉	
39	소성왕	김	–	–	–	경덕왕릉	–	
40	애장왕	김	–	–	–	傳 민애왕릉	–	
41	헌덕왕	김	천림사 북쪽 (泉林寺北)	천림촌 북쪽 (泉林村北)	–	헌덕왕릉	진평왕릉 (개축)	
42	흥덕왕	김	–	안강 북쪽 비화양 (安康北比火壤)	흥덕왕릉	흥덕왕릉	흥덕왕릉	
43	희강왕	김	소산(蘇山)	–	–	능지탑 십이지	경덕왕릉	
44	민애왕	김	서쪽 교외, 월유의 집 (西郊,月遊宅)		–	구정동 방형분		傳 황복사지 동편 폐고 분지 (가릉)
45	신무왕	김	제형산 서북쪽 (弟兄山西北)	–	괘릉	진덕여왕릉	김유신묘	

46	문성왕	김	공작지 (孔雀趾)	–	–	헌강왕 릉	진덕여 왕릉	(김정희) 서악동 3 호분
47	헌안왕	김	공작지 (孔雀趾)	–	–	정강왕 릉	–	(김정희) 서악동 4 호분
48	경문왕	김	–	–	경덕왕 릉	–	구정동 방형분	
49	헌강왕	김	보리사 동남쪽 (菩提寺東南)	–	–	–	–	
50	정강왕	김	보리사 동남쪽 (菩提寺東南)	–	–	–	–	
51	진성여왕	김	황산(黃山)	화장, 모량 서악 산골, 미황산 (火葬 牟梁西 岳, 未黃山)	–	–	–	
52	효공왕	김	사자사 북쪽 (師子寺北)	사자사 북쪽 화 장, 구지제 동쪽 산허리 (火葬師子寺北, 仇知堤東山脇)	–	일성왕 릉	–	
53	신덕왕 (삼릉)	박	죽성(竹城)	화장, 잠현 남쪽 (火葬, 箴峴南)	–	–	–	
54	경명왕 (삼릉)	박	황복사 북쪽 (黃福寺北)	황복사 화장, 성등잉산 서쪽 산골(火葬皇福 寺 散骨于省等 仍山西)	–	–	–	
55	경애왕	박	남산 해목령 (南山蟹目嶺)	–	일성왕 릉	–	–	
56	경순왕	김	–	□□□□동향골 (□□□□東向洞)	–	–	–	

맺음말

　지난 2016년, 신라왕릉을 다룬 『이야기가 있는 역사여행: 신라왕릉답사 편』을 출간했었다. 돌이켜보면 많이 부족한 책이었다. 특히 자료의 해석 부분에 큰 차이가 있었는데, 자료의 교차 검증과 확인의 측면에서 이번 책은 이전과 많이 달라졌음을 느낄 수 있었다. 이런 과정을 거쳐 검증되는 내용들만 책에 담고자 했기에, 다소 딱딱하게 느껴지는 부분도 없지 않을 것 같다.

　이 책을 준비하면서 경주와 연천 등지에 있는 신라왕릉을 수차례 찾아다녔다. 처음에는 그저 왕릉에만 관심을 쏟다가 왕릉을 통해 신라의 역사에 접근하는 방법을 모색했고, 그 결과 이 책이 빛을 볼 수 있었다.

　이 책은 단순히 신라왕릉만을 다룬 책이 아니다. 해당 왕의 시대에 존재했던 특징적인 사건이나 인물, 유적 등을 함께 소개했고, 이 책 하나만으로 신라의 역사에 개괄적으로 접근할 수 있도록 기획했다. 많은 시행착오를 거치며 출간되었으니, 내가 이 책에 가지는 애착은 남다를 수밖에 없다.

　책을 집필하면서, 나 역시 모르고 지나쳤던 부분을 더 많이 공부하고 알게 되었다. 최근의 연구 성과를 반영하기 위해 노력했고, 이 같은 집필 과정은 오래도록 기억에 남을 것 같다.

이 과정은 혼자 준비하기 쉽지 않았다. 많은 분들이 도움을 주셨기에 한결 수월하게 준비할 수 있었는데, 먼저 논문과 사진 자료 등을 제공해주시고, 책의 방향성에 대해 고민해준 경주문화연구원 김환대 원장님과 해외의 적석목곽분과 금관 등의 귀한 사진 자료를 제공해주고 조언해주신 강인욱 교수님, 장군총과 구진벼루, 대야성 등의 사진을 공유해준 홍지선, 이건일 형님, 임병기 선생님께도 지면을 빌려 감사의 인사를 드린다. 이렇게 준비를 했음에도 혹여나 출판 뒤 오타가 있지는 않은지, 잘못된 해석을 한 것은 아닌지 걱정이 앞선다.

생각해보면 고구려나 백제보다 신라는 그 출발이 미약했다. 또한, 삼한일통 당시 당나라와 손을 잡으면서 동족 국가를 배신했다는 시선과 신라 김씨 흉노족 설을 정치적으로 악용하는 모습들은 현재 우리가 마주하고 있는 풍경이기도 하다. 이는 현재의 시각으로 과거를 재단하기에 벌어지는 현상이라 생각된다.

신라의 출발은 미약했지만 결국 삼한일통을 완수했고, 나당전쟁에서도 승리했다. 그렇기에 신라를 통해 '강하다'는 의미를 다시 생각해보게 된다. 진정한 강함의 의미는 물리적인 힘을 통해 이기는 것이 아니라, 끝까지 견디며 살아남는 것이 아닐까.

이번 『왕릉으로 만나는 역사: 신라왕릉』 집필은 신라에 대한 내 생각을 바꾸는 계기가 되었다. 그리고 그 흔적들을 찾아가는 과정은 즐거움의 연속이었다. 아울러 많이 부족한 책이지만 이 책이 신라의 역사를 이해하고, 신라왕릉을 답사하는 데 조금이나마 도움이 되었으면 좋겠다.

미주

1. 이근직(2012)은 현재 경주에 있는 신라왕릉 가운데 문헌기록과 왕릉의 양식 등이 일치하는 왕릉은 ▶선덕여왕릉 ▶무열왕릉 ▶문무왕릉 ▶성덕왕릉 ▶원성왕릉 ▶헌덕왕릉 ▶흥덕왕릉 등 7기 밖에 없다고 주장한 바 있다.

1장 신라왕릉의 이해

2. 『오피니언타임스』 2018.01.29., '역사는 수긍하는 것이 아니라 '왜?'라고 묻는 것이다' 재인용 및 수정 재편집

3. 예외적으로 조선시대에는 세자나 세자빈, 왕을 낳은 후궁 등의 무덤을 '원(園)'이라 불렀다.

4. 황남대총(皇南大塚)처럼 무덤이 있는 지역의 명칭을 따서 붙여진 사례도 있다.

5. 장니(障泥): 말안장의 양쪽에 있던 장니는 말을 탄 사람에게 흙이 튀지 않도록 하기 위한 것이다. 다른 용어로 말다래로 불리기도 한다.

6. 지석(誌石): 죽은 이의 신분과 생애를 새겨 무덤 속에 부장한 것을 지석 혹은 묘지석이라고 하며, 무령왕릉에서는 왕과 왕비의 지석이 출토되었다.

7. 지증마립간(智證麻立干)의 경우 503년부터는 마립간이 아닌 왕의 호칭을 썼다. 때문에 마지막 마립간에 해당한다.

8. 이근직 『신라왕릉연구』, 2012, 학연문화사 中 15~16p 참고, 신라왕릉의 무덤 양식을 목관묘(木棺墓) - 목곽묘(木槨墓) - 적석목곽분(積石木槨墳) - 횡혈식석실분(橫穴式石室墳) 단계로 변화했다고 정리했다.

9. 김용성(2015)은 마립간 시기의 대릉원지구고분군이 신라 중심 집단의 형성과 발전의 중요한 열쇠가 될 것으로 평가한다.

10. 국립문화재연구원, 『조선왕릉디지털백과』(https://portal.nrich.go.kr/royalTomb) 中 조선왕릉 미리보기 / 조선시대 왕릉 조성 / 그 밖의 구성물 / 망주석 참고

11. 이근직 『신라왕릉연구』, 2012, 학연문화사 중 377p 참고, 호인상이 원성왕릉부터 등장하기 시작한 배경에는 8세기 후반부터 당에서 호인용이 능묘의 명

기로 유행하기 시작한 것에서 찾고 있다.

12. 분황사 모전석탑 석사자상 中 형태가 다른 2기는 헌덕왕릉의 것이라는 견해도 있다.

13. 『삼국사기』 제43권 열전 제3, 김유신 열전 下, 문무왕 13년 중

14. 『고운당필기』 제6권, 홍공이 이강산(이서구)에게 입수한 것이라 한다.

15. 『고운당필기』 제6권, "후손들에게 복을 남겼다.[垂裕後昆]", "조서를 내려 특진을 제수하였다.[詔授特進]"

16. 『고운당필기』 제6권, 신라와 고구려의 옛 비석(羅麗古碑) 中, 〈김각간비〉 참고

17. 『국조오례의』에서는 석상(石牀)으로 표기하고 있다.

18. 무열왕릉의 상석은 1단 형식의 화강암 장대석 8매를 조립한 형태다.

19. '자(子, 쥐)', '축(丑. 소)', '인(寅, 호랑이)', '묘(卯, 토끼)', '진(辰, 용)', '사(巳, 뱀)', '오(午, 말)', '미(未, 양)', '신(申, 원숭이)', '유(酉, 닭)', '술(戌, 개)', '해(亥, 돼지), 십이지는(十二支) 지지(地支)라고도 하는데, 천간인 십간(十干)의 앞글자와 십이지의 뒷글자를 딴 것이 간지다. 천간과 지지를 합칠 경우 총 60개의 간지가 만들어지는데, 이를 육십갑자(六十甲子), 혹은 육십간지라고 부른다. 임진왜란은 육십간지 중 29번째인 임진년(壬辰年, 1592)에, 병자호란은 육십간지 중 13번째인 병자년(丙子年, 1636)에 있었던 전쟁인 것을 알 수 있다.

20. 능지탑의 십이지신상 中 인(寅)상과 傳 황복사지에서 확인된 십이지신상 6기(卯, 巳, 午, 未, 申, 子)는 크기와 재질이 같다. 때문에 傳 황복사지에 있던 인(寅)상을 능지탑을 보수할 때 가져다 재활용한 것으로 추정된다. 자세한 내용은 『신라 황복사지 동편 폐고분지의 성격』 참고

21. 납석제(蠟石製): 납석이라는 광물로 만들었음을 뜻한다.

22. 현릉(顯陵): 경기도 구리시 인창동 4-3번지, 동구릉에 위치한 문종과 현덕왕후 권씨의 능

23. 목릉(穆陵): 경기도 구리시 인창동 4-3번지, 동구릉에 위치한 선조와 의인왕후 박씨, 인목대비 김씨의 능

24. 공민왕릉은 공민왕의 현릉(玄陵)과 노국대장공주의 정릉(正陵)이 쌍릉을 이루고 있다. 공민왕릉의 십이지신상은 의인화 된 수관인신의 형태로, 내부 벽화와 병풍석 등에서 확인되고 있다.

25. 다만 『삼국사기』와 『삼국유사』 기록이 고려 때 만들어진 기록이라는 점을 감안

할 필요가 있다. 즉, 이전부터 전해지던 것을 고려 때 정리한 기록에 가깝다고 보는 것이 옳다.

26. 『고운집』 제3권에는 대숭복사비명의 전문이 남아 있다.

27. 『오피니언타임스』 2019.02.14., '신라왕릉과 사찰은 어떤 연관이 있을까?' 재 인용 및 수정 재편집

28. 『오피니언타임스』 2019.02.14., '신라왕릉과 사찰은 어떤 연관이 있을까?' 재 인용 및 수정 재편집

29. 『정조실록』 34권, 1792년(정조 16) 4월 7일 '신라의 여러 왕릉 중에 12위의 왕 릉은 20리 안에 있기 때문에 신이 가서 살펴보았고, 16위의 왕릉은 20리 밖 에 있기 때문에 본주(本州)의 부윤(府尹)으로 하여금 살펴보고 와서 보고토록 하였는데, 모두 봉분이 완전하고 견고했으며 사초(莎草)가 잘 자라서 바라보기 에 무성하다고 하였습니다. 대저 여러 왕릉은 모두 평야에 있으며, 오직 태종 무열왕릉(太宗武烈王陵)만은 거북머리 받침돌의 짤막한 비석에 능호(陵號)가 큰 글자로 적혀 있을 뿐, 그밖에는 하나의 표시도 없어 어느 무덤이 어느 왕릉이 라는 것은 다만 촌노인들의 손가락으로 가르키는 것과 고을 아전의 구전(口傳) 에 의거할 뿐입니다. 옛날에는 48위의 왕릉이라고 일컬었으나 지금 찾을 수 있 는 것은 다만 28위의 왕릉 뿐인데 그 또한 확실하지는 못합니다. 설치한 물건 은 간혹 혼유석(魂遊石)과 병풍석(屏風石) 등이 있으나 다만 형체만 있어서 옛 제도를 상고하기는 어렵습니다. 헌덕왕릉(憲德王陵)에서 바라보이는 곳에 경순 왕전(敬順王殿)이 있는데, 영정(影幀) 1장은 지난 무술년(1778 정조 2년)에 영천(永 川)의 은해사(銀海寺)에서 옮겨 봉안하였으므로 신이 지나는 길에 일체 살펴보 았습니다.'

30. 봉심(奉審): 능묘를 살피고 점거하는 일

31. 『일성록』 정조 16년(1792) 3월 2일 中 '각신 이만수에게 봉명(奉命)하고 돌아오 는 길에 숭덕전(崇德殿)에 치제(致祭)하고 신라 여러 왕의 능을 함께 봉심하라 고 명하였다.'

32. 『일성록』에는 숭덕전(혁거세릉)을 비롯해 남해왕릉(南解王陵), 유리왕릉(儒理王 陵), 탈해왕릉(脫解王陵), 파사왕릉(婆娑王陵), 미추왕릉(味鄒王陵), 내물왕릉(奈勿 王陵), 법흥왕릉(法興王陵), 진흥왕릉(眞興王陵), 진지왕릉(眞智王陵), 진평왕릉(眞 平王陵), 선덕왕릉(善德王陵), 태종무열왕릉(太宗武烈王陵), 문무왕릉(文武王陵), 효소왕릉(孝昭王陵), 성덕왕릉(聖德王陵), 경덕왕릉(景德王陵), 헌덕왕릉(憲德王

陵), 흥덕왕릉(興德王陵), 희강왕릉(僖康王陵), 신무왕릉(神武王陵), 문성왕릉(文聖王陵), 헌안왕릉(憲安王陵), 헌강왕릉(憲康王陵), 정강왕릉(定康王陵), 효공왕릉(孝恭王陵), 민애왕릉(閔哀王陵), 경애왕릉(景哀王陵) 등 총 28기의 왕릉을 치제했다고 전한다.

33. 『동경잡기』 능묘조, '▶괘릉 ▶남해왕릉(사릉) ▶유리왕릉(사릉) ▶파사왕릉(사릉) ▶탈해왕릉 ▶내물왕릉 ▶진지왕릉 ▶진평왕릉 ▶진덕왕릉 ▶신문왕릉 ▶경덕왕릉 ▶희강왕릉 ▶신무왕릉 ▶문성왕릉 ▶헌안왕릉 ▶헌강왕릉 ▶정강왕릉 ▶진성왕릉 ▶효공왕릉 ▶신덕왕릉 ▶경명왕릉 ▶경애왕릉'

34. 이근직(2012), 앞의 책 中 20p 참고

2장 신라 상대

35. 『삼국사기』에 따르면 전한(前漢) 효선제(孝宣帝) 오봉(五鳳) 원년 갑자(기원전 57) 4월 병진에 건국한 것으로 기록되어 있다.

36. 『삼국사기』 제1권 「신라본기」 제1, 시조 혁거세거서간 中 '高墟村長蘇伐公望楊山麓 蘿井傍林間 有馬跪而嘶 則往觀之 忽不見馬 只有大卵 剖之 有嬰兒出焉 則收而養之'

37. 진한(辰韓):『후한서』 「동이열전」에 따르면 한에는 세 종족이 있는데 하나는 마한이고, 둘은 진한이며 셋은 변진이라고 했다. 『삼국지』 「위서」 「동이전」은 진한이 마한의 동쪽에 있는데, 그 기로들이 전하기를 옛 망명인들로 진나라의 역을 피하여 한국에 오니, (마)한이 동쪽 경계의 땅을 떼어 주었다고 전한다. 또한 최초 진한은 6국이었으나 나중에 12국이 되었다고 한다. 『한원』을 보면 신라와 백제가 삼한의 땅을 공유하는데, 신라는 동쪽에 있고, 진한·변진의 땅이라고 했다.

38. 한원(翰苑): 당나라의 편찬된 서적으로 660년 경 장초금(張楚金)이 저술하고, 송나라의 옹공예(雍公叡)가 주석을 붙였다.

39. 삼한(三韓)은 한반도 남부에 있던 마한·진한·변한을 뜻한다. 다만 시간이 흐르면서 삼한의 의미는 고구려·백제·신라를 뜻하는 것으로 사용되었는데, 『동국통감』에서 최치원은 마한은 고구려, 변한은 백제, 진한은 신라로 인식했다.

40. 『국역 한원』 2018.12.28., 동북아역사재단 247p 참고

41. 사로국(斯盧國): 진한 12국 중 하나로, 『삼국유사』를 보면 혁거세 때 나라 이름을 서라벌(徐羅伐)·서벌(徐伐)·사라(斯羅)·사로(斯盧) 등으로 불렸음을 알 수 있다.

42. 『삼국유사』는 알천양산촌의 남쪽에 담엄사(曇嚴寺)가 있다고 했는데, 담엄사는 오릉의 경내에서 확인된다. 알천양산촌의 촌장은 알평으로, 하늘에서 표암봉(瓢嵒峰)으로 내려왔다고 하는데, 현 경주 표암을 이야기한다.

43. 『삼국유사』는 금산가리촌의 위치를 금강산(金剛山) 백률사(栢栗寺)의 북쪽 산이라고 했는데, 여기서 금강산은 현 소금강산을 말한다.

44. 명활산(明活山): 경상북도 경주시 보문동과 천군동 사이에 있는 산, 명활산성이 있다.

45. 이름은 사소(娑蘇)로, 성모로도 불린다.

46. 『삼국유사』제5권 감통 7, 선도산 성모가 불사를 좋아하다 中 '又國史 史臣曰 軾政和中 嘗奉使入宋 詣佑神館 有一堂 設女仙像 館伴學士王黼曰 此是貴國之神 公知之乎 遂言曰 古有中國帝室之女 泛海抵辰韓 生子爲海東始祖 女爲地仙 長在仙桃山 此其像也'

47. 『삼국유사』제5권 감통 7, 선도산 성모가 불사를 좋아하다 中 '又大宋國使王襄到我朝 祭東神聖母 文有娠賢肇邦之句'

48. 임금을 상징하는 거서간(居西干)으로 불렸다.

49. 준왕(準王)은 고조선의 왕으로, 망명객 위만이 반란을 일으켜 도성을 공격하자 이에 바다를 통해 지금의 익산 지역으로 내려와 나라를 열었는데, 마한(馬韓)을 건국했다고 한다. 이때 마한의 주도권은 익산을 중심으로 하는 건마국(乾馬國)으로 추정되지만 3세기 중반에는 목지국(目支國)으로 바뀐 것으로 보인다.

50. 『후한서』「동이열전」을 보면 한은 세 종족이 있어 마한과 진한, 변진이 있는데, 이 중 마한이 가장 크고 그 종족이 함께 진왕을 세워 목지국에 도읍한 것을 알 수 있다.

51. 『동경잡기』능묘조에는 혁거세릉이 담엄사(曇嚴寺) 인근에 있고, 관(官)에서 개간이나 벌채를 금지했다고 기록하고 있다. '〈赫居世陵〉在曇嚴寺傍 官禁田柴'

52. 『평택자치신문』2021.04.19., '[김희태의 역사에서 배우는 지혜] 알에서 태어난 건국 시조, 난생설화(卵生說話) 이해하기' 재인용 및 수정 재편집

53. 고리국(槀離國) 혹은 탁리국(橐離國)이라고도 함

54. 『고운당필기』 제2권, 동명과 주몽〔東明朱蒙〕 참고

55. 이때 제사를 주관했던 아로공주(阿老公主)는 혁거세의 딸이자 남해차차웅의 누이다.

56. 내을(奈乙): 시조가 처음 태어난 곳으로, 나정을 뜻한다.

57. 『삼국유사』 제5권 감통 제7, 선도성모 수희불사 참고

58. 정천신앙(井泉信仰): 우물과 샘을 중심으로 행해진 신앙

59. 『삼국유사』에서는 계룡의 왼쪽 옆구리에서 태어났다고 하며, 다른 이설로 용의 배를 가르고 태어났다는 이야기도 있다.

60. 『삼국유사』 제1권 기이 제1 신라시조 혁거세왕 中 '沙梁里閼英井[一作娥利英井] 邊有雞龍現 而左脇誕生童女[一云龍現死 而剖其腹得之] 姿容殊麗 然而脣似雞觜 將浴於月城北川 其觜撥落 因名其川曰撥川'

61. 『삼국유사』 제1권 기이 제1 신라시조 혁거세왕 中 '二聖年至十三歲 以五鳳元年甲子 男立爲王 仍以女爲后'

62. 차차웅(次次雄)은 무당의 의미를 담고 있다. 자충(慈充)이라 불리기도 했다.

63. 김부식은 주석을 통해 왕위에 오른 다음해를 원년으로 삼는 것이 일반적인데, 남해차차웅은 즉위한 해를 원년으로 삼은 것에 대해 의문을 제기하고 있다.

64. 대보(大輔): 신라 초기의 관직, 탈해와 호공이 이 관직에 임명되었다.

65. 북명(北溟): 어느 지역인지는 명확하지 않으나, 『삼국지』 「위서」 「동이전」을 보면 예(濊)의 위치와 관련해 "예는 남으로 진한과, 북으로 고구려 옥저와 접한다."고 했다. 또한 신라 9주 가운데 하나인 명주(溟州)와 한자가 같기에 위치상 강원도 강릉 지역을 이야기하는 것으로 추정된다.

66. 가배(嘉俳): 우선 육부를 반씩 나누고, 임금의 두 딸이 부내 여인들과 함께 길쌈을 누가 많이 하는 가를 두고 경쟁을 벌였다. 진 쪽에서 이긴 쪽에게 술과 음식을 준비했고, 노래와 춤 등이 곁들여진 일종의 문화 행사가 진행이 되는데, 이 행사가 바로 가배(嘉俳) 인 것이다. 이때 진 쪽의 여자가 일어나 "회소, 회소!"라고 부른 것에서 회소곡(會蘇曲)이 유래되었다고 한다.

67. 화려현(華麗縣): 낙랑군 동부도위에 속한 영동 7현 中 하나

68. 불내현(不耐縣): 낙랑군 동부도위에 속한 영동 7현 中 하나

69. 맥국(貊國): 현 강원도 춘천시 일원

70. 『삼국사기』는 유리이사금의 아우 나로(奈老)의 아들이라는 설 역시 병기하고

있다.

71. 음즙벌국(音汁伐國): 경상북도 경주시 안강읍 일대로 추정된다. 『삼국유사』 왕
    력 지마이사금 관련 기록에 등장하는 '음질국(音質國)'과 같은 나라다.

72. 실직곡국(悉直谷國): 강원도 삼척시 일대로, 지금도 삼척에는 옛 지명을 딴 실
    직군왕릉이 자리하고 있다.

73. 비지국(比只國): 현 경상남도 창녕군 일원, 옛 비화가야, 다만 파사이사금 때
    비지국을 창녕이 아닌 경주의 소국으로 보는 시각도 있다.

74. 다벌국(多伐國): 현 대구광역시 일원으로 추정하는 견해도 있다.

75. 초팔국(草八國): 현 경상남도 합천 일원

76. 『삼국유사』 제1권 기이 제1 신라시조 혁거세왕 中 '二十六年 春正月 營宮室於
    金城'

77. 『삼국유사』에서 일연은 주석을 남겨 용성국이 왜국의 동북쪽 1천 리에 있다고
    기록하고 있다.

78. 『삼국유사』「가락국기」에는 탈해가 최초 금관가야로 와서 수로왕의 자리를 빼
    앗기 위해 술법 대결을 한 것으로 그리고 있다. 여기서 패한 탈해가 계림 땅
    안으로 달아난 것으로 기록하고 있다. 자세한 내용은 『삼국유사』「가락국기」
    참고

79. 『삼국유사』에서는 아니부인(阿尼夫人)으로 기록하고 있다.

80. 숭신전(崇信殿): 1898년 현 위치가 아닌 월성에 있었다. 또한 『조선고적도보』
    에 탈해왕릉의 사진이 있다는 점에서 1898년과 일제강점기 사이에 탈해왕릉
    이 비정된 것으로 추정된다. 이근직(2012)은 이러한 상황을 고려해 탈해왕릉의
    비정 시기를 19세기 말과 20세기 초로 보고 있다.

81. 시림(始林)으로 불리기도 했다.

82. 아유타국(阿踰陀國): 대체로 인도의 아요디아 지방으로 해석하는 경향이 있으
    나 허황옥의 출신지가 정말 인도인지는 불명확하다. 이와 관련한 자세한 내용
    은 이광수 교수의 『인도에서 온 허왕후, 그 만들어진 신화(2017)』 참고

83. 『삼국유사』 제1권 기이 제1, 4대 탈해왕 中 '三月十五日 辛酉夜 見夢於宗 有老
    人貌甚威猛 曰 我是脫解也 拔我骨於疏川丘 塑像安於土含山 王從其言 故至
    今國祀不絶 卽東岳神也云'

84. 김알지의 위패에는 계림대보공(鷄林大輔公)이 새겨져 있다.

85. 황산하(黃山河): 낙동강의 하류로, 경상남도 양산시 물금읍에는 이와 관련한 황산로, 황산공원 등의 지명이 남아 있다.

86. 『삼국사기』 파사이사금 조에 나온 음즙벌국(音汁伐國)과 동일한 나라다.

87. 압량국(押梁國): 현 경상북도 경산시 일원

88. 『삼국유사』 왕력, 지마이사금 기록 참고

89. 일지갈문왕(日知葛文王): 유리이사금 왕비의 아버지로, 장인이다. 『삼국사기』의 기록처럼 일성이사금의 아버지가 유리이사금일 경우 일지갈문왕은 일성이사금의 외할아버지가 된다.

90. 『삼국사기』 제1권 신라본기 제1 일성이사금 11년 中 '十一年 春二月 下令 農者 政本 食惟民天 諸州郡修完堤坊 廣闢田野 又下令 禁民間用金銀珠玉'

91. 눌지마립간 때의 충신인 박제상이 박아도의 손자로 기록되어 있다.

92. 갈문왕(葛文王): 왕의 친족에게 주는 봉작이다.

93. 비미호(卑彌乎): 히미코 혹은 히미코 여왕으로도 불리는데 야마타이국의 여왕으로 알려져 있다. 비미호와 관련한 기록은 『삼국지』 「위서」 「동이전」에서도 확인된다. 『삼국사기』에는 173년에 비미호가 사신을 보내 예방했다고 적고 있다.

94. 구도(仇道)는 훗날 신라 김씨로는 처음으로 왕위에 오르는 미추왕의 아버지다.

95. 신라 김씨의 시조인 김알지를 시작으로 '세한(勢漢) – 아도(阿道) – 수류(首留) – 욱보(郁甫) – 구도(仇道)'로 이어지며, 구도의 아들이 미추이사금이다.

96. 이서국(伊西國)은 경상북도 청도군 이서면 일대로 추정되며, 『삼국지』 「위서」 「동이전」에 등장하는 진한 12국 중 하나로 우유국(優由國)으로 보는 견해가 있다. 현재 청도에는 이서국과 관련된 지명인 '은왕봉(隱王峰)'이 있는데, 청도 남산에 자리하고 있다. 『청도군지』에는 신라군이 쳐들어오자 이서국의 왕이 이곳으로 피신했다고 한다.

97. 『삼국사기』를 보면 신라 경덕왕 때 구도를 '오악현(烏岳縣)'으로, 경산은 '형산현(荊山縣)'으로, 솔이산은 '소산현(蘇山縣)'으로 개칭이 되었으며, '밀성군(密城郡)'에 속했다는 사실을 알 수 있다. 이후 오악현과 형산현, 소산현이 합쳐져 청도군이 만들어졌으며, 청도군이 승격되면서 현재에 이르고 있다.

98. 나밀(那密) 혹은 나물(奈勿王)로도 불린다.

99. 김말구(金末仇): 구도(仇道) 갈문왕의 손자로, 미추왕의 동생이다.

100. 『삼국사기』는 토산물, 『진서』는 미녀를 바친 것으로 기록되어 있다.

101. 누한(樓寒)을 인명이 아닌 마립간(麻立干)으로 해석하는 견해도 있다. 반면 유득공의 경우 『고운당필기』에서 누한을 누씨 성의 왕으로 착각해 신라에 박·석·김씨 성만 있었던 것이 아닌 것으로 봤다.

102. 종발성(從拔城)은 왜가 최후까지 저항했던 장소로, 정확한 위치는 알려져 있지 않다. 다만 종발성이 있던 임나가라(任那加羅)는 김해를 중심으로 했던 금관가야로 추정된다.

103. 실성은 이찬 대서지의 아들(大西知)로, 미추이사금의 딸인 아류부인(阿留夫人)과 혼인했다. 내물마립간이 세상을 떠난 뒤 왕위에 올랐다. 실성은 고구려로 인질로 보내졌다가 401년 7월에 신라로 돌아왔다.

104. 복호(卜好): 내물마립간의 둘째 아들로, 눌지마립간의 동생에 해당한다. 실성마립간에 의해 고구려로 인질로 가게 된다. 사실상의 볼모이자 권력 관계에 있어 숙청인 셈이다.

105. 「집경전구기도」는 옛 집경전 터를 그린 것으로, 집경전은 태조의 어진을 봉안한 전각이었다. 현재 집경전이 있던 자리에는 1798년(정조 22) 정조의 어필을 새긴 집경전구기비와 하마비, 초석 등의 석재가 남아 있다.

106. 『동경잡기』에는 내물왕릉이 첨성대 서남쪽에 있다고 기록하고 있다. '在瞻星臺西南'

107. 『삼국유사』 제1권 기이 제1 선덕왕이 미리 안 세 가지 일 中 '別記云 是王代 鍊石築瞻星臺'

108. 다른 이름으로 모말(毛末)로도 불렸다.

109. 치술령(鵄述嶺): 경주시 외동읍과 울주군 두동면의 경계에 있는 산이다.

110. 『일본서기』에 따르면 해당 사건은 464년(자비마립간 7)으로 기록되어 있다. 하지만 신라와 고구려의 관계를 볼 때 이 사건이 눌지마립간 시기로 보는 견해도 있다. 이 경우 본문의 『삼국사기』에 언급된 450년에서 멀지 않은 시기로 추정된다.

111. 『일본서기』의 기록대로라면 자비마립간으로 보이나, 당시 신라와 고구려의 관계를 볼 때 이때의 신라왕은 눌지마립간일 가능성이 높다.

112. 『국역 일본서기 2권』 제14권, 대박뢰유무천황, 웅략천황 8년, 151p

113. 『책부원귀』에는 모진(募秦), 『울진봉평신라비』에는 모즉지(牟卽智)로 표기되어 있다.

114. 『고운당필기』 제1권 신라왕누씨모씨(新羅王樓姓慕姓) 참고, 『삼국사기』에는 동시기 양나라에 사신을 보냈다고 기록하고 있다. 여기서 모진(慕秦)은 법흥왕을 이야기하는 것으로 보이는데, 법흥왕은 모즉지(牟卽智), 무즉지(另卽知) 등으로 불렸다.

115. 김무력의 아들은 김서현으로, 김서현은 진흥왕의 동생인 숙흘종의 딸 만명부인과 혼인해 아들을 낳게 되는데, 바로 김유신이다.

116. 단 이근직(2012)은 앞의 책에서 법흥왕릉이 평지를 떠나고, 무덤 양식이 횡혈식석실분으로 변화되는 것을 입증하기 위해서는 법흥왕릉의 추정과 무덤 양식이 횡혈식석실분이 맞는지 등을 밝힐 필요가 있다는 입장을 밝힌 바 있다. 자세한 내용은 앞선 책 201p 참고

117. 일선군(一善郡): 선산, 지금의 경상북도 구미시 선산읍이다.

118. 『신라문화유산연구 제3호』 박방룡, 2019 「이차돈(異次頓) 사인(舍人) 묘와 사당에 대한 단상」中 22~23p 참고

119. 군주(軍主): 지증왕 때인 505년, 실직주(悉直州)를 설치하고, 이사부(異斯夫)를 군주로 삼은 것이 시초다.

120. 『동사강목』 갑술년 신라 진흥왕 15년 참고

121. 『국역 일본서기 2권』 제18권, 광록압무금일천황, 안한천황 15년, 385~386p

122. 구타모라(久陀牟羅): 현 충청북도 옥천군 군서면으로 추정, 인근에 성왕의 패사지인 구진벼루와 관산성 등이 있다.

123. 『삼국사기』 제26권, 백제본기 제4 성왕 32년 '王欲襲新羅 親帥步騎五十 夜至 狗川 新羅伏兵發與戰 爲亂兵所害薨 謚曰聖'

124. 『국역 일본서기 2권』 제18권, 광록압무금일천황, 안한천황 15년, 385~386p

125. 원화(源花): 화랑의 전신, 청소년 수련단체

126. 사지절동이교위낙랑군공신라왕(使持節東夷校尉樂浪郡公新羅王)

127. 『연려실기술』 별집 제14권, 문예전고(文藝典故) 中 "신라 사람 솔거(率居)를 신화(神畫)라고 일컬었다. 진흥왕(眞興王)이 황룡사(黃龍寺) 장륙불상(丈六佛像)을 만들고, 솔거를 시켜서 절의 벽에 늙은 소나무를 그리게 하였더니, 새가 바라보고 날아들어서 벽에 부딪혀 떨어지곤 하였다. 그림이 오래되어 빛이 바랬기 때문에 중이 고쳐 색칠하였더니, 새가 다시는 오지 않았다."

128. 『삼국사기』 구리의 무게 3만5천7근, 도금한 금의 무게 1만1백9십8푼

129. 김정희, 『완당전집』 제1권, 고(攷) 「신라진흥왕릉고」 참고

130. 이근직(2012) 앞의 책 239p 참고

131. 서악동 고분군: 무열왕릉의 뒤쪽으로 나열된 4기의 고분으로, 규모부터가 압도적이다. 신라왕릉을 연구했던 이들은 서악동 고분군에서 진흥왕릉을 찾았는데, 이근직(2012)에 따르면 김정희는 『동경잡기』 능묘조를 참고한 뒤 진흥왕릉이 서악동에 있다는 내용을 근거로, 서악동 고분군을 진흥왕릉에서 찾았다고 한다. 또한 「신라진흥왕릉고」에서 서악동 고분군을 본 김정희는 고분을 조산(造山)으로 표현했다. 즉 당시 사람들이 서악동 고분군을 인공적인 산으로 생각했음을 보여준다.

132. 『오피니언타임스』 2020.06.09., '충북 진천에 김유신 태실이 있는 이유는?' 재인용 및 수정 재편집

133. 모즉지매금왕(牟卽智寐錦王), 무즉지(另卽知)

134. 어사추여랑(於史鄒女郎): 원명에는 어사추여랑왕(於史鄒女郎王)이 새겨져 있다.

135. 강종훈(2016) 『명문의 새로운 판독을 통해 본 울주 천전리각석의 성격과 가치』 中 39p 참고

136. 강종훈(2016) 『명문의 새로운 판독을 통해 본 울주 천전리각석의 성격과 가치』 中 40~41p 참고

137. 상개부낙랑군공신라왕(上開府樂浪郡公新羅王)

138. 621년 7월, 623년 10월, 625년 11월, 626년 7월, 627년 6월, 627년 11월, 629년 9월, 631년 7월

139. 주국낙랑군공신라왕(柱國樂浪郡公新羅王)

140. 603년, 608년 2월, 608년 4월

141. 602년 8월, 611년 10월, 616년, 624년 10월, 626년 8월, 627년 7월, 628년 2월

142. 『신증동국여지승람』 제31권, 경상도 함양군 조, "군자사(君子寺) 지리산에 있다. 전설에, "신라 진평왕(眞平王)이 왕위를 피해서 여기에 살다가, 태자를 낳아서 나라에 돌아가고, 집은 희사하여 절로 만들었다." 한다. 반면 이덕무가 쓴 『청정관전서』 제69권에는 군자사와 관련해 "동사(東史)를 상고하건대, 진평왕(眞平王)은 후사가 없는데 지금 '이곳에서 태자를 낳고 인하여 군자사라 명명하였다.' 하였으니 무슨 소리인지 모르겠다." 라고 하였다.

143. 『삼국사기』는 선덕왕(善德王)으로 표기하고 있다. 또 다른 신라의 왕인 선덕왕

(宣德王)이 있어 구분을 위해 선덕여왕의 호칭이 적절하다.

144. 주국낙랑군공신라왕(柱國樂浪郡公新羅王)

145. 여주불능선리(女主不能善理): 여주는 (나라를) 잘 다스지 못한다.

146. 633년 8월, 636년 5월, 642년 7월(서쪽 40여성), 648년 8월(대야성), 645년 봄 정월, 645년 3월, 645년 5월

147. 대야성(大耶城): 경상남도 합천군 합천읍 합천리 산2번지

148. 고타소(古陁炤)의 아버지가 김춘추인 것은 확실하지만 생모의 경우 문명왕후로 보는 견해와 다른 여인의 소생일 가능성이 상존한다. 고타소가 김법민(문무왕)에게 있어 동생이기에 626년 이후에 태어났다는 이야기가 된다. 이렇게 되면 고타소의 나이는 639년 당시 고타소의 나이는 10대 초반이라는 이야기가 되기에 문희의 소생이 아닌 다른 부인의 소생일 가능성 역시 배제할 수 없다.

149. 『삼국사기』 제5권 신라본기 제5, 태종왕 편 의자왕 7년(660) 7월 13일 기록 中 "예전에 너의 아비가 억울하게 나의 누이를 죽여 옥중에 파묻었던 일이 나로 하여금 20년 동안 마음이 고통스럽고 머리가 아프도록 하였더니, 오늘에야 너의 목숨이 내 손 안에 있게 되었구나!"

150. 『삼국사기』 제5권 신라본기 제5, 선덕왕 11년(642) 겨울 中 "춘추는 딸의 죽음을 듣고 하루 종일 기둥에 기대어 서서 눈도 깜박이지 않았고, 사람이나 물건이 자기 앞을 지나가도 알아보지 못할 지경이었다."

151. 『삼국사기』 선덕여왕 조를 보면 642년 고구려가 김춘추를 가두자 이에 김유신이 1만 군대를 이끌고 한강을 넘어 고구려 남쪽 변경으로 갔다고 기록하고 있다. 반면 김유신 열전에서는 3천의 군대를 소집해 선덕여왕에게 출정일을 청했을 때, 고구려 첩자인 덕창(德昌)이 고구려왕에게 이 소식을 알려 김춘추를 풀어준 것으로 기록하고 있어 차이를 보인다.

152. 『삼국사기』 제41권 열전 제1, 김유신 上 中 선덕왕 11년(642년) 참고

153. 『국역 일본서기 3편』 제25권, 천만풍일천황, 효덕천황 3년 中 225~226p 참고

154. 632년 12월, 633년 7월, 642년 봄 정월, 642년 8월, 643년 봄 정월, 643년 9월, 644년 봄 정월, 645년 봄 정월

155. 압량주(押梁州): 현 경상북도 경산시

156. 국반갈문왕은 진안갈문왕(眞安葛文王)으로도 불린다. 진평왕의 동생으로 월명부인 박씨를 아내로 맞아 들여 딸 승만을 두었는데, 이가 진덕여왕이 된다.

157. 칠처가람(七處伽藍): 『삼국유사』 아도기라(阿道基羅)에 기록된 칠처가람의 다음과 같다. 1. 금교(金橋) 동쪽 천경림(天鏡林) 흥륜사(興輪寺) 2. 삼천기(三川歧) 영흥사(永興寺) 3. 용궁(龍宮) 남쪽 황룡사(皇龍寺) 4. 용궁 북쪽 분황사(芬皇寺) 5. 사천미(沙川尾) 영묘사(靈妙寺) 6. 신유림(神遊林) (사)천왕사(天王寺) 7. 서청전(婿請田) 담엄사(曇嚴寺)

158. 『삼국유사』 제1권 제2권 기이 제2 문무왕 법민 中 '朗奏曰 狼山之南 有神遊林 創四天王寺於其地'

159. 경향신문, 2019.04.17., 「사천왕사 출토 '차임진' 등 명문 5개는 신문왕릉비가 틀림없다」 참고. 이 기사에서 2019년 당간지주 동쪽에서 확인된 차임진(次壬辰)이 새겨진 명문 비편과 서편 귀부 인근에서 확인된 무궁기덕십야(無窮其德十也) 명문 비편 중 차임진을 간지로 해석해하고, 무궁기덕십야(無窮其德十也)를 신문왕과 관련지어 설명하고 있다. 다만 신문왕릉비라는 결정적 근거는 없고, 사천왕사 사적비로 보는 견해도 있으니 참고

160. 『삼국유사』 제1권 기이 제1 선덕왕지기삼사(善德王知幾三事)에서는 영묘사(靈廟寺) 옥문지(玉門池)로 표기되어 있다.

161. 『삼국유사』 제1권 기이 제1 선덕왕지기삼사(善德王知幾三事)에서는 여근곡(女根谷)으로 표기되어 있다.

162. 『삼국사기』 제5권 신라본기 제5 선덕왕 中 '夏五月 蝦蟆大集宮西玉門池 王聞之 謂左右曰 蝦蟆怒目 兵士之相也 吾嘗聞西南邊亦有地名玉門谷者 其或有隣國兵潛入其中乎 乃命將軍關川弼呑 率兵往搜之 果百濟將軍于召欲襲獨山城 率甲士五百人 來伏其處 關川掩擊盡殺之 慈藏法師入唐求法'

163. 『삼국유사』 제3권 탑상 제4, 황룡사 구층탑 中 '又海東名賢安弘撰東都成立記云 新羅第二十七代 女王爲主 雖有道無威 九韓侵勞 若龍宮南皇龍寺 建九層塔 則隣國之災可鎮 第一層日本 第二層中華 第三層吳越 第四層托羅 第五層鷹遊 第六層靺鞨 第七層丹國 第八層女狄 第九層穢貊'

164. 김춘추의 아버지로, 용춘(龍春)이라고도 한다. 훗날 문흥대왕(文興大王)으로 추봉되었다.

165. 지절사(持節使)

166. 주국낙랑군왕(柱國樂浪郡王)

167. 이때 바친 「태평송」은 『삼국사기』와 함께 『구당서』와 『신당서』에서도 교차 확인이 된다. 「태평송」은 다음과 같다. "위대한 당나라 왕업(王業)을 여니, / 높고도

높은 황제의 길 창창히 빛나네. / 전쟁을 그쳐 천하를 평정하고, / 문물을 닦아 백대를 이어가리. / 하늘을 본받음에 은혜가 비오듯 하고, / 만물을 다스림에 도리와 한몸 되네. / 지극히도 어질어 해와 달과 짝하고, / 운까지 때맞추니 언제나 태평하네. / 크고 작은 깃발들은 저다지도 번쩍이며, / 징소리 북소리는 어찌 그리 우렁찬가 / 외방 오랑캐 명을 거역하는 자는, / 칼날에 엎어지는 천벌을 받으리라. / 순박한 풍속이 곳곳에 퍼지니, / 먼 곳 가까운 곳 상서(祥瑞)로움 다투네. / 사계절이 옥촉(玉燭)처럼 조화롭고, / 해와 달과 별들이 만방에 두루 도네. / 산악의 정기 받아 어진 재상 내리시며, / 황제는 충후한 인재를 등용하도다. / 삼황과 오제의 덕망이 하나되어, / 우리 당나라를 밝게 비추리라."

168. 647년 10월, 648년 3월, 649년 8월

169. 국립문화재연구소는 식혜곡 고분, 박홍국 관장은 도당산 서북록 고분으로 명명했다.

170. 『삼국유사』 제1권 기이 제1 진덕왕 中 '新羅有四靈地 將議大事 則大臣必會其地謀之 則其事必成 一曰東青松山 二曰南亏知山 三曰西皮田 四曰北金剛山'

3장 신라 중대

171. 『경주 황복사지』 자료집, 2022, 주보돈, 「낭산과 황복사지」 中 15p 참고

172. 개부의동삼사신라왕(開府儀同三司新羅王)

173. 김흠순(金欽純): 김유신의 동생

174. 『삼국사기』 "예전에 너의 아비가 억울하게 나의 누이를 죽여 옥중에 파묻었던 일이 나로 하여금 20년 동안 마음이 고통스럽고 머리가 아프도록 하였더니, 오늘에야 너의 목숨이 내 손 안에 있게 되었구나!"

175. 「대당평백제국비명」의 명문을 통해 현경 5년(660) 8월 15일에 새긴 것을 알 수 있다.

176. 『동경잡기』 능묘조에는 태종무열왕릉이 영경사 북쪽에 있다고 했는데, 지금의 서악리(西岳里)라고 한다. '〈太宗武烈王陵〉在永敬寺北(今西岳里)'

177. 『고운당필기』 제6권 신라와 고구려의 옛 비석(羅麗古碑) 中 '태종무열왕지비(太宗武烈王之碑) 7글자가 확인되었다고 하지만 현재 확인된 명문은 태종무열대왕

지비(太宗武烈大王之碑) 8글자다.'

178. 『경주 무열왕릉·서악동 고분군: 제례 공간 정비사업부지 시굴조사 보고서』, 2020, 경주시청·신라문화유산연구원 33p 참고

179. 『삼국사기』 제41권 열전 제1 김유신 上 참고, '將行 謂庾信曰 吾與公同體 爲國股肱 今我若入彼見害 則公其無心乎 庾信曰 公若往而不還 則僕之馬跡 必踐於麗濟兩王之庭 苟不如此 將何面目以見國人乎 春秋感悅 與公互噬手指 歃血以盟曰'

180. 『삼국유사』 제1권 기이 제1, 태종 춘추공 참고, 이때 문희는 언니인 보희에게 꿈을 사는 대가로 비단치마를 주었다.

181. 이때는 왕으로 즉위하기 전으로, 공주의 신분이었다.

182. 『삼국유사』 제1권 기이 제1 태종춘추공 참고, 이때 선덕여왕이 자초지종을 듣고, 누구의 소행이냐고 물으니 왕을 모시던 춘추의 얼굴색이 변했다고 한다. 이에 춘추로 하여금 문희를 구하도록 했다.

183. 『삼국유사』 제1권 기이 제1, 태종 춘추공 참고

184. 『삼국유사』 제2권 기이 제2, 「가락국기」 참고

185. 『삼국유사』 제1권 기이 제1, 태종 춘추공 참고 '又新羅古傳云 定方旣討麗濟二國 又謀伐新羅而留連 於是庾信知其謀 饗唐兵鴆之 皆死 坑之 今尙州界有唐橋 是其坑地'

186. 『신증동국여지승람』 권, 경상도 함창현 조 참고

187. 개부의동삼사상주국낙랑군왕신라왕(開府儀同三司上柱國樂浪郡王新羅王)

188. 탐라국(耽羅國): 현 제주특별자치도

189. 가림성(加林城): 부여 성흥산성으로, 672년 2월 신라는 가림성을 공격했으나 이기지 못하고 돌아섰다.

190. 『삼국사기』 제44권 열전 제4 김인문 열전 참고, 그 내용은 당 황제로부터 계림주대도독개부의동삼사(雞林州大都督開府儀同三司)로 책봉된 김인문은 사양했으나 황제의 재가를 얻지 못해 어쩔 수 없이 길을 나서게 된다. 다행히 문무왕이 사죄사를 보내 황제의 노여움을 누그러뜨리면서 문무왕의 관작을 회복시켰고, 이에 따라 김인문은 가는 도중 당으로 돌아갈 수 있었다.

191. 『삼국사기』「신라본기」는 연정토의 아들이라고 한 반면 『신당서』「고려전」은 보장왕의 외손자로 확인된다.

192. 사실상 신라의 괴뢰국인 보덕국(報德國)의 왕으로 책봉한 것으로, 보덕국은 금마저(金馬渚)에 도읍했는데 지금의 익산이다. 670년 8월 1일에 문무왕은 사찬수미산(須彌山)을 보내 안승을 고구려왕으로 봉했다. 이후 안승은 보덕왕으로 다시 책봉이 되었다.

193. 『삼국사기』 제7권 신라본기 제7 中, 674년 8월, 서형산 아래서 사열한 기록과 9월 영묘사 앞길에 행차해 사열 및 아찬 설수진(薛秀眞)의 육진병법(六陣兵法)을 관람한 기록이 확인된다.

194. 『삼국사기』는 기벌포(伎伐浦)가 소부리주에 있다고 했는데, 그 위치와 관련해서는 여러 이설이 있다.

195. 삼한일통 시기의 왕은 문무왕이기에 태종(太宗)이 아닌 문무왕으로 보는 것이 옳다.

196. 『삼국유사』 무장사 미타전 참고, 반면 『신증동국여지승람』에는 고려 태조가 삼국을 통일한 후 무기와 투구를 묻었다 하며, 『고운당필기』에서는 세속에 전하는 말을 언급, 신라 여왕이 병장기를 보관해둔 것이라고도 한다.

197. 원찰(願刹): 죽은 이의 명복을 빌기 위해 세운 사찰

198. 『삼국유사』 제2권 기이2, 만파식적 中 "산산의 모습은 마치 거북이 머리 같았고 그 위에는 한 줄기의 대나무가 있었는데, 낮에는 둘이 되었다가 밤에는 하나로 합해졌다." 바로 이 대나무로 만든 것이 만파식적(萬波息笛)이다.

199. 『신라 황복사지 동편 폐고분지의 성격』 장호진·강량지, 2020 中 '능지탑지의 평복 십이지신상 1기는 傳 황복사지 십이지신상과 동일한 출처의 왕릉 호석으로, 무복 십이지신상 8기는 구황동왕릉지의 호석으로 보아도 무방할 것 같다.'

200. KBS 역사추적, 2008, 『문무왕 비문의 비밀 1부, 신라 김씨 왕족은 흉노의 후손인가?』 中 24분 01초~24분 19초 참고

201. 『고운당필기』 제6권 신라와 고구려의 옛 비석(羅麗古碑) 中 〈문무왕비〉 부분 참고

202. 「대당고김씨부인묘지명」에서는 김일제의 집안이 난을 피해 요동으로 숨었다고 밝혔다.

203. 세차(世次): 세대수

204. KBS 역사추적, 2008, 『문무왕 비문의 비밀 1부, 신라 김씨 왕족은 흉노의 후손인가?』 中 15분 33초, "신라인이 김일제의 후손임을 밝혔나? 의문이 든다."

205. 『고운당필기』 제6권 신라와 고구려의 옛 비석(羅麗古碑) 中 "계림지김(雞林之金)"은 김일제(金日磾)의 김일까?

206. 『고운당필기』 제6권 신라와 고구려의 옛 비석(羅麗古碑) 中 성한왕을 성국왕(星國王)으로 표기했다.

207. 『고운당필기』 제6권 신라와 고구려의 옛 비석(羅麗古碑) 中 〈문무왕비〉 부분 참고

208. 『역주 한원』 2018, 동북아역사재단 中 250p 참고

209. 강인욱(2021), 2021.01.15., 『테라 인코그니타』 창비 中, 174~175p 참고

210. 황금서당(黃衿誓幢): 신라의 군부의 구부 중 하나로, 신문왕 때인 683년에 만들어졌다. 고구려인으로 구성되어 있으며, 색깔은 황적색이다. 자세한 건 『삼국사기』 제40권 잡지 제9, 신라 무관 3 참고

211. 『삼국사기』 제47권 열전 제7, 김영윤 열전 참고, 신문왕은 보덕국을 토벌할 때 김영윤을 황금서당(黃衿誓幢) 보기감(步騎監)으로 삼았다.

212. 『삼국사기』 제40권 잡지 제9, 신라 무관 3 중 구서당의 내용 표로 정리한 것임

213. 신문왕 때의 오묘(五廟)는 태조대왕(太祖大王)·진지대왕(眞智大王)·문흥대왕(文興大王)·태종대왕(太宗大王)·문무대왕(文武大王)이다.

214. 달구벌(達句伐): 현 대구광역시

215. 달구벌로의 천도를 계획한 건 서라벌이 한반도의 동남쪽에 치우쳐 있다는 점과 왕권 강화의 의미로 해석된다.

216. 가릉(假陵): 능호가 아니라 가짜 왕릉, 즉 만들다 만 왕릉이라는 의미다.

217. 의상은 625년생이기에 이를 대입해보면 출가한 시기는 진덕여왕 때인 653년인 것을 알 수 있다.

218. 『삼국유사』 제4권 의해 제5, 의상전교 中 '年二十九 依京師皇福寺落髮'

219. 국립중앙박물관, 금동제 사리외함 명문 안내문 참고

220. 『경주 황복사지』 자료집, 2022, 주보돈, 「낭산과 황복사지」 中 10~11p 참고

221. 신라왕보국대장군행좌표도위대장군계림주도독(新羅王輔國大將軍行左豹韜尉大將軍雞林州都督)

222. 숙위(宿衛): 숙직을 하며 황제를 호위하는 것으로, 사실상의 인질과 다름이 없다.

223. 송악(松岳): 개성, 우잠(牛岑): 황해도 금천

224. 『동경잡기』능묘조에는 효소왕릉이 부의 동쪽 분남리(芬南里)에 있다고 했다.
'〈孝昭王陵〉在府東芬南里'

225. 『삼국사기』제10권 신라본기 제10, 원성왕 14년 中 '望德寺二塔相擊'

226. 『삼국사기』에 따르면 본래 이름은 융기(隆基)였으나 당 현종의 이름과 같았기
에 피휘한 것이라 한다.

227. 『성덕왕의 왕위 계승 과정과 검토』에서 배재춘(2015)은 성덕왕이 국인의 추대
로 왕위에 오른 점과 효소왕 생전에 태자로 책봉된 적이 없다는 점을 근거로
비정상적 방법에 의한 왕위 계승이라고 주장했다. 이에 대한 근거는 『삼국유
사』에 언급된 「대산오만진신(臺山五萬眞身)」과 「명주오대산보질도태자전기(溟州
五臺山寶叱徒太子傳記)」로, 이 주장을 받아들인 경우 성덕왕은 효소왕의 친동생
이 아니라 배다른 동생이 된다.

228. 표기장군특진행좌위위대장군사지절대도독계림주제군사계림주자사상주국낙
랑군공신라왕(驃騎將軍特進行左威衛大將軍使持節大都督雞林州諸軍事雞林州刺史上柱
國樂浪郡公新羅王)으로 봉해졌다.

229. 716년 3월 궁궐에서 쫓겨났다.

230. 715년 12월에 태자로 책봉되었으나, 717년 6월 세상을 떠났다. 시호는 효상
(孝殤)이다.

231. 724년 12월 세상을 떠났다.

232. 732년 9월, 팽창하던 발해(渤海)의 무왕(武王)은 흑수말갈과 무왕의 동생인 대
문예의 송환 문제를 두고 맞선 상태였다. 그러다 발해가 장군 장문휴(張文休)
를 보내 등주(登州)로 쳐들어가 등주자사(登州刺使) 위준(韋俊)을 잡아 죽였다.
때문에 당나라의 입장에서는 발해를 견제하기 위해 그 배후에 있는 신라에 우
호적으로 접근할 수밖에 없었다. 따라서 성덕왕은 이러한 외교적 상황을 잘
활용해 패강 이남의 땅을 정식으로 인정받을 수 있었던 것이다.

233. 『동경잡기』능묘조에는 성덕왕릉이 부의 동쪽 도지곡리(都只谷里)에 있다고 적
고 있다. '〈聖德王陵〉在府東都只谷里'

234. 현재 비정된 신라왕릉 가운데 십이지신상이 가장 빠르게 확인되는 왕릉은 진
덕여왕릉이다. 다만 진덕여왕릉의 경우 조성된 십이지신상이 신라왕릉 중 가
장 후대의 것으로 평가된다는 점과 왕릉의 변화 과정 역시 맞지가 않기 때문

에 사실상 진덕여왕릉으로 보기가 어렵다. 이 때문에 성덕왕릉의 십이지신상이 신라왕릉에서 가장 먼저 나타난 형태라고 보는 것이 타당하다.

235. 『동사강목』 제4하, 정축년 성덕왕 36년 효성왕(孝成王) 원년(당 현종 개원 25, 737) 참고

236. 원구(元舅): 왕의 외숙인 김옹(金邕)으로, 『성덕대왕신종명』에는 그의 관직이 검교사(檢校使) 병부령(兵部令) 겸 전중령(殿中令) 사어부령(司馭府令) 수성부령(修城府令) 감사천왕사부령(監四天王寺府令)이자 아울러 검교진지대왕사사(檢校眞智大王寺使) 상상(上相) 대각간(大角干)으로 기록되어 있다.

237. 『신라 황복사지 동편 폐고분지의 성격』 장호진·강량지, 2020 中, 총 57기로 갑석 5기, 탱석 19기, 면석 6기, 지대석 10기, 미완성 석재 17기 등이다. 석재의 일부는 傳 황복사지의 건축 부재로 재활용 되었다.

238. 『신라 황복사지 동편 폐고분지의 성격』 장호진·강량지, 2020 中, 가로 67×세로 93cm로 구황동 왕릉지의 탱석과 동일할 뿐 아니라 자연 과학 분석 결과도 암질이 동일한 것으로 나타나 이러한 추정을 더욱 뒷받침해주고 있다.

239. 『신라 황복사지 동편 폐고분지의 성격』 장호진·강량지, 2020 中, 능지탑지의 평복 십이지신상 1기는 傳 황복사지 십이지신상과 동일한 출처의 왕릉 호석으로, 무복 십이지신상 8기는 구황동 왕릉지의 호석으로 보아도 무방할 것 같다.

240. 가릉(假陵): 가짜 왕릉, 여기서는 왕릉으로 조성되다가 중단된 미완성 왕릉을 의미한다.

241. 신라왕개부의동삼사사지절대도독계림주제군사겸충지절영해군사(新羅王開府儀同三司使持節大都督鷄林州諸軍事兼充持節寧海軍使)

242. 불국사와 석굴암의 완공은 혜공왕 10년인 774년으로 알려져 있다. 다만 창건 연대와 관련한 다른 견해도 있기에 이 부분은 현재의 모습을 기준으로 공사의 시작과 완공을 기준으로 잡는 것이 바람직하다.

243. 동촌 남쪽의 양장곡과 동일한 장소로 추정된다.

244. 『동경잡기』 능묘조에는 경덕왕릉이 모지사(毛祗寺) 서쪽 산봉우리에 있다고 했다. '〈景德王陵〉 在毛祗寺西岑'

245. 이근직(2012)은 앞의 책을 통해 현 경덕왕릉을 소성왕릉으로 비정하고, 김유신묘를 경덕왕릉으로 보는 견해를 밝힌 바 있다.

246. 명주(溟州): 현 강원도 강릉

247. 고조부 법선(法宣): 현성대왕(玄聖大王), 증조부 의관(義寬): 신영대왕(神英大王), 조부 위문(魏文): 흥평대왕(興平大王), 부 효양(孝讓): 명덕대왕(明德大王), 모: 소문태후(昭文太后)

248. 시조대왕(始祖大王), 태종대왕(太宗大王), 문무대왕(文武大王), 흥평대왕(興平大王), 명덕대왕(明德大王)

249. 개성대왕(開聖大王): 선덕왕의 아버지인 김효방(金孝芳)의 추존 왕호다.

250. 『삼국사기』를 찬한 김부식은 논평을 통해 독서삼품과의 시행을 긍정적으로 평가하고 있다.

251. 『삼국유사』 왕력 편을 보면 "기축년(329)에 처음으로 벽골제를 쌓았다"고 적고 있다.

252. 시호는 헌평(憲平)이다.

253. 『동경잡기』 능묘조 '〈掛陵〉 在府東三十五里 不知何王陵 俗傳葬於水中 掛柩於石上 因築土爲陵 故名焉 石物尙在'

254. 반면 임영애 교수(경주대)는 『조선왕릉석물조각사』를 통해 호인상을 서역인이 아닌 금강역사로 봐야 한다는 견해를 제시한 바 있다.

255. 『조석고적도보』의 괘릉 평면도와 현재의 석물 위치는 같다. 다만 석사자상의 위치가 현 위치가 아닐 가능성이 있는데, 성덕왕릉과 흥덕왕릉을 보면 석사자상이 왕릉의 봉분을 중심으로 사방에 배치되었기 때문이다. 따라서 원성왕릉의 석사자상 위치가 봉분의 사방에 있다가 옮겨졌을 가능성도 있다.

256. 한겨레, 2019.01.12., 권오영『신라 황금 보검이 왜 카자흐스탄에서?』中 키질 벽화 그림 참고

257. 과거 비단은 매우 귀한 대접을 받았는데, 주요 생산지는 중국이었다. 때문에 비단을 구하기 위해 멀고 험한 사막을 건너 문명의 교역 루트가 만들어졌다. 비단을 생산하기 위해서는 누에고치를 키워야 했는데, 누에고치는 뽕나무잎을 먹었다. 때문에 비단을 생산하기 위해서는 뽕나무가 필수적으로 필요했다.

258. 한겨레, 2019.01.12., 권오영『신라 황금 보검이 왜 카자흐스탄에서?』中 카자흐스탄 카라아가치 유리잔 참고

259. 쿠쉬나메의 주요 내용은 아랍의 침공으로 사산조 페르시아가 망하자 왕자 아

비틴이 동쪽으로 도망쳐 신라로 망명했다. 이때 신라의 왕은 타이후르로, 아비틴은 신라 공주 프라랑과 혼인했고, 그렇게 낳은 아들이 페레이둔이다. 이후 페레이둔에 의해 아랍을 물리치고, 사산조 페르시아를 되찾게 된다는 내용이다.

260. 『삼국유사』 제2권 기이 제2. 원성대왕 中 '王卽位十一年乙亥 唐使來京 留一朔 而還 後一日 有二女 進內庭 奏曰 妾等乃東池靑池[靑池卽東泉寺之泉也 寺記 云 泉乃東海龍往來聽法之地 寺乃眞平王所造 五百聖衆 五層塔 幷納田民焉] 二龍之妻也 唐使將河西國二人而來 呪我夫二龍及芬皇寺井等三龍 變爲小魚 筒貯而歸 願陛下勅二人 留我夫等護國龍也 王追至河陽館 親賜享宴 勅河西人 曰 爾輩何得取我三龍至此 若不以實告 必加極刑 於是出三魚獻之 使放於三處 各湧水丈餘 喜躍而逝 唐人服王之明聖'

261. 애장왕(哀莊王)은 원성왕의 손자로, 아버지는 혜충태자의 맏아들인 소성왕(昭聖王)이다. 언승(헌덕왕)은 소성왕의 친동생이기에 애장왕은 언승의 조카에 해당한다.

262. 813년 무진주도독, 816년 청주도독, 821년 웅천주도독

263. 국호를 장안(長安)으로 선택한 것은 김헌창의 패착이었다. 지역적으로 웅천주가 백제의 옛 도읍이었던 점을 감안하면 차라리 백제라고 칭하는 것이 더 효과적이었을 것이다.

264. 성산(星山): 현 경상북도 성주군을 말한다.

265. 웅진성, 지금의 공산성을 이야기한다.

266. 『영조실록』 127권 영조대왕 행장 중 '9월에 경주(慶州)에 홍수가 나서 신라 헌덕왕릉(憲德王陵)을 무너뜨렸는데, 왕께서 향축(香祝)을 보내고 도신(道臣)에게 명하여 수리하게 하셨다.'

267. 이근직(2012), 앞의 책, 352p

268. 『삼국사기』에 따르면 훗날 경휘(景徽)로 바꾸었다.

269. 혜충태자(惠忠太子): 원성왕의 아들로 이름은 인겸(仁謙)이다. 소성왕은 799년 혜충태자를 혜충대왕으로 봉했다.

270. 개부의동삼사검교태위사지절대도독계림주제군사겸지절충영해군사신라왕(開府儀同三司檢校太尉使持節大都督雞林州諸軍事兼持節充寧海軍使新羅王)

271. 『구당서』 「동이전」을 보면 의종은 개성(開成) 2년 4월에 신라로 돌아왔음을 알

수 있다.

272. 『동경잡기』 능묘조에는 흥덕왕릉이 안강현 북쪽에 있다고 했는데, 이 무덤을 장릉이라 불렀다고 한다. '〈興德王陵〉在安康縣北 (新增) 俗號獐陵'

273. 단 진덕여왕릉의 경우 흥덕왕릉보다 후대의 왕릉으로 평가된다. 또한 구정동 방형분 역시 흥덕왕릉 보다 이후에 조성된 무덤임에도 탱석에 십이지신상이 새겨져 있다.

274. 『삼국유사』에는 궁파(弓巴)로 기록되어 있다.

275. 『삼국사기』에는 "당나라 서주(徐州)로 들어가 군중소장(軍中小將)이 되었다."고 한다.

276. 『동국통감』에는 군사 1만을 주었다고 한다.

277. 부: 익성대왕(翌成大王), 모: 순성태후(順成太后)

278. 아버지 충공을 선강대왕(宣康大王), 어머니인 귀보부인을 선의태후(宣懿太后)로 추봉했다.

279. 조부인 이찬 예영(禮英)을 혜강대왕(惠康大王), 아버지를 성덕대왕(成德大王), 어머니 진교부인(眞矯夫人) 박씨를 헌목태후(憲穆太后)로 추존했다.

280. 『동경잡기』 능묘조에 신무왕릉은 형제산(兄弟山) 북쪽, 지금의 동방동(東方洞)에 있다고 했다. '〈神武王陵〉在兄弟山北 (今東方洞)'

281. 개부의동삼사검교태위사지절대도독계림주제군사겸지절충녕해제군사상주국신라왕(開府儀同三司檢校太尉使持節大都督雞林州諸軍事兼持節充寧海諸軍使上柱國新羅王)

282. 벽골군(碧骨郡): 전북 김제시

283. 혈구진(穴口鎭): 강화도를 말한다.

284. 김정희, 『완당전집』 제1권, 고(攷) 「신라진흥왕릉고」 참고

285. 이근직, 앞의 책, 419p 참고

286. 『동경잡기』 능묘조에는 김양의 묘를 태종왕릉에 배장(陪葬)하였다고 한다.

287. 김균정(金均貞): 성덕왕(成德王)으로 추존되었다.

288. 『삼국사기』 헌안왕 편의 기록을 보면 헌안왕의 두 딸 중 맏이가 못생겼다는 소문이 있었는데, 흥륜사의 스님은 언니와 혼인하면 세 가지 이익이 동생과 혼인하면 세 가지 손해가 있을 것이라 이야기했다고 한다. 이에 응렴은 스스로

결정하기 어려워 왕의 명령을 따르겠다고 하니 헌안왕이 맏이와 혼인하도록 했다는 것이 주요 내용이다.

289. 희강왕의 아들 아찬 계명(啓明)이 경문왕의 아버지이므로 경문왕은 희강왕의 손자인 셈이다.

290. 사지절개부의동삼사검교태위대도독계림주제군사신라왕(使持節開府儀同三司檢校太尉大都督雞林州諸軍事新羅王)

291. 877년 봄 정월이다.

292. 황소의 난(黃巢之亂): 875~884년에 있었던 당나라 말기의 반란, 신라는 황소의 난으로 인해 사신을 보내지 못하다가 885년 황소의 난이 평정된 것을 축하하는 사절을 보내기도 했다.

293. 『삼국유사』 제2권 기이 제2 처용랑 망해사 참고

294. 『동경잡기』 능묘조에는 진성(여)왕릉이 황산(黃山)에 있는데, 지금의 양산군(梁山郡) 황산역(黃山驛)이라고 했다. '〈眞聖王陵〉在黃山 (今梁山郡黃山驛)'

295. 최치원(崔致遠): 자는 고운(孤雲)으로 사량부(沙梁部) 출신이다. 『삼국유사』에서는 본피부 출신으로 미탄사 남쪽에 최치원의 집이 있었다고 한다.

296. 진례(進禮): 경상남도 창원시, 창원시 성산구에는 진례산성이 남아 있다.

297. 천주절도사(泉州節度使) 왕봉규(王逢規)의 도움인 것으로 보인다.

298. 고울부(高鬱府): 경상북도 영천시

299. 어쩌면 포석정이 있는 남산 일대가 당시 신앙과도 같은 장소임을 감안해보면 그 목적이 연회가 아닌 다른 행위였을 가능성도 있다.

300. 오피니언타임스, 2018.05.09., 『경주 배동 삼릉과 경애왕릉이 들려주는 후삼국 시대, 그리고 신라의 쇠망』 수정 및 재인용

301. 신라서면도통지휘병마제치지절도독전무공등주군사행전주자사겸어사중승상주국한남군개국공식읍이천호(新羅西面都統指揮兵馬制置持節都督全武公等州軍事行全州刺史兼御史中丞上柱國漢南郡開國公食邑二千戶)

302. 『신증동국여지승람』 제21권, 경상도 경주부 고적 참고

303. 파군재(破軍岾): 고려군이 후백제군에 패했다해서 붙여진 지명이다.
안심(安心): 왕건이 공산 전투에서 패해 도망치던 중 이곳에 이르러 안심했다 해서 붙여진 지명이다.

304. 위왕대사(爲王代死): 왕을 대신해 죽다.

305. 신숭겸 장군의 묘는 강원도 춘천시 서면 방동리 816-1번지에 있다. 본래 이곳
은 왕건 자신이 묻힐 묏자리로 선정해둔 곳이었다고 한다. 다른 말로 신후지
지(身後之地)라고도 하는데, 이런 곳을 자신을 대신해 죽은 신숭겸을 위해 내
어준 것이니 왕건이 신숭겸을 어떻게 생각했는지를 알 수 있다.

306. 이때부터 역사에서는 경주(慶州)라 불리게 된다.

307. 『고려사』 경종 3년(978) 中 '政丞金傳卒, 謚敬順'

308. 『영조실록』 64권, 영조 22년(1746) 10월 14일, '동지 김응호가 신라 경순왕의
지석과 석물이 장단에서 나와 이를 정비하는 일로 아뢰다' 中

309. 『영조실록』 64권, 영조 24년(1748) 1월 9일, '신라 경순왕의 능에 수총군 5인을
두도록 명하다' 中

5장 왕릉과 함께 주목해볼 고분

310. 김용성, 2006, 『적석목곽분의 새로운 이해』, 2p 참고, 재)영남문화재연구원,
「고고학 연구 공개강좌」

311. 최병현, 2016, 『신라 적석목곽분의 기원 연구의 방향』 126~128p 참고

312. KBS 역사스페셜, 2010, 『수수께끼의 나라 신라 2편 금관은 왜 사라졌는가』
中 31분 54초 참고

313. 동아일보, 2008.05.21., 『신라 금관은 한민족 고유 창작품』 참고

314. 『신라가 꽃피운 로마문화』, 2019.01.10., 요시미츠 츠네오, 미세움 中 232~
324p 참고

315. KBS 역사스페셜, 「수수께끼의 나라 신라 1편 천마도 미스터리」 中 9분 22초
김정기 박사의 증언 참고

316. KBS 역사스페셜, 「수수께끼의 나라 신라 1편 천마도 미스터리」 참고

317. 하지만 금관총을 왕릉으로 볼 경우 유물의 연대에 비추어 자비마립간(慈悲麻立
干) 혹은 소지마립간(炤知麻立干) 시기로 추정할 수 있다.

318. 『오피니언타임스』 2020.06.09., '충북 진천에 김유신 태실이 있는 이유는?'
수정, 재편집 인용

319. 『신증동국여지승람』에 기록된 김유신의 벼슬과 추봉된 왕호는 '태대서발한 평 양군 개국공 추봉 흥무왕(太大舒發翰平壤郡開國公追封興武王)'다.

320. 김유신 태실은 현재까지 확인된 태실 가운데 가장 오래된 것으로, 『삼국사기』 김유신 열전을 비롯해 『고려사』 지리지, 『세종실록』 지리지, 『신증동국여지승 람』 충청도 진천현 등의 기록을 통해 확인된다.

321. 『삼국사기』 제43권 열전 3 김유신 열전 중 '出葬于金山原 命有司立碑 以紀功名'

322. 이근직(2012), 앞의 책 383~385p 참고

323. 김용성, 2012, 앞의 논문 참고

324. 『연합뉴스』, 2013.11.08., '경주서 신라 왕릉 발굴, 12개 띠동물 조각 넣어(종 합)' 참고

325. 『연합뉴스』, 2013.11.21., '신라 왕릉급 경주 신당리 석실분 내부서 돌기둥' 참고

부록 신라왕릉 십이지신상

326. 강인구 안·이근직 안·김용성 안은 이근직(2012) 『신라왕릉연구』와 김용성의 『신라왕릉의 새로운 비정(2012)』, 『신라 고분고고학의 탐색(2015)』을 참고했음 을 밝힌다.

참고문헌

문헌기록

『고운당필기』
『구당서』 「동이전」
『동국통감』
『동경잡기』
『동경잡기』
『동사강목』
『삼국사기』
『삼국유사』
『삼국지』 「위서」 「동이전」
『신당서』 「동이전」
『신증동국여지승람』
『완당전집』 「신라진흥왕릉고」
『조선왕조실록』
『후한서』 「동이열전」 등

보고서, 도록, 저서, 논문

강인욱, 2021, 『테라 인코그니타』, 창비
강종훈, 2016, 「명문의 새로운 판독을 통해 본 울주 천전리각석의 성격과 가치」, 대구사학회
김용성, 2014, 『신라 고분 고고학의 탐색』, 진인진
김용성, 2006, 『적석목곽분의 새로운 이해』, 재)영남문화재연구원, 「고고학 연구 공개강좌」
김용성·강재현, 2012, 『신라 왕릉의 새로운 비정』
김환대, 2004, 『경주의 문화유적』, 경주문화유적답사회
김환대, 2009, 『신라왕릉의 십이지신상』, 한국학술정보
김환대, 2010, 『경주의 왕릉』, 한국학술정보
김희태, 2016, 『이야기가 있는 역사여행: 신라왕릉답사 편』, 퍼플
김희태, 2019, 『문화재로 만나는 백제의 흔적: 이야기가 있는 백제』, 휴앤스토리

경주시청·신라문화유산연구원, 2020, 『경주 무열왕릉·서악동 고분군: 제례 공간 정비사업 부지 시굴조사 보고서』

국립문화재연구소 ,2017, 조선왕릉 석물조각사(I)

동북아역사재단 한국고중세사연구소, 2018, 『역주 한원』

박방룡, 2019, 『신라문화유산연구 제3호』, 「이차돈(異次頓) 사인(舍人) 묘와 사당에 대한 단상」

배재춘, 2015, 『성덕왕의 왕위 계승 과정 검토』, 한국전통문화연구16

이근직, 1998, 『경주의 문화유산(상)』, 경주박물관회

이근직, 2012, 『신라왕릉연구』, 학연문화사

연민수 외 6명, 2013, 『국역 일본서기 2』, 동북아역사재단

요시미즈 츠네오, 2019, 『신라가 꽃피운 로마문화』, 미세움

장효진·강량지, 2019, 『신라 황복사지 동편 폐고분지의 성격』

최영성, 2015, 『한국고대금석문전집』, 도서출판문사철

최병현, 2016, 『신라 적석목곽분의 기원 연구의 방향』

언론자료

경향신문, 2019.04.17, 「사천왕사 출토 '차임진' 등 명문 5개는 신문왕릉비가 틀림없다」

동아일보, 2008.05.21, 「신라 금관은 한민족 고유 창작품」

연합뉴스, 2013.11.08, 「경주서 신라 왕릉 발굴, 12개 띠동물 조각 넣어(종합)」

연합뉴스, 2013.11.21, 「신라 왕릉급 경주 신당리 석실분 내부서 돌기둥」

오피니언타임스, 2018.01.29, 「역사는 수긍하는 것이 아니라 '왜?'라고 묻는 것이다」 수정 및 재인용

오피니언타임스, 2018.05.09, 「경주 배동 삼릉과 경애왕릉이 들려주는 후삼국 시대, 그리고 신라의 쇠망」 수정 및 재인용

오피니언타임스, 2019.02.14, 「신라왕릉과 사찰은 어떤 연관이 있을까?」 수정 및 재인용

오피니언타임스, 2018.03.28, 「왕릉의 십이지신상은 어떻게 변화했을까?」 수정 및 재인용

오피니언타임스, 2019.12.12, 「강릉에 웬 왕릉이?」 수정 및 재인용

오피니언타임스, 2020.06.09, 「충북 진천에 김유신 태실이 있는 이유는?」 수정 및 재인용

오피니언타임스, 2018.10.17, 「왕릉에는 어떤 '석수(石獸)'가 세워졌을까?」 참고

오피니언타임스, 2018.05.25, 「경순왕릉은 왜 경주가 아닌 연천에 있을까?」 수정 및 재인용

오마이뉴스, 2018.03.06, 「이빨 자국이 더 많이 남으면 왕이 된다고?」 수정 및 재인용

오마이뉴스, 2018.03.21. 「대구가 신라의 수도가 되었을지도 모른다」 수정 및 재인용

오마이뉴스, 2018.03.29. 「경덕왕은 왜 이혼을 했을까?」 수정 및 재인용

오마이뉴스, 2018.03.14. 「영웅인가 배신자인가. 김춘추를 향한 두 개의 시선」 수정 및 재인용

오마이뉴스, 2018.03.12. 「지혜로웠던 선덕여왕, 김부식은 왜 비판했을까」 수정 및 재인용

오마이뉴스, 2018.04.13. 「'신라판 수양대군' 조카 죽이고 왕위 빼앗은 헌덕왕」 수정 및 재인용

오마이뉴스, 2018.03.09. 「그 유명한 진흥왕의 능이 이렇게 초라하다고?」 수정 및 재인용

오마이뉴스, 2018.04.09. 「경주 하면 무열왕릉? '진짜' 신라 왕릉은 따로 있다」 수정 및 재인용

오마이뉴스, 2018.03.25. 「이거사지, 성덕왕릉 알려주는 이정표 되다」 수정 및 재인용

오마이뉴스, 2018.04.16. 「신라 최초... 죽어서도 왕비와 함께한 흥덕왕」 수정 및 재인용

평택자치신문. 2021.04.19. 「[김희태의 역사에서 배우는 지혜] 알에서 태어난 건국 시조, 난생설화(卵生說話) 이해하기」

한겨레. 2019.01.12. 권오영 「신라 황금 보검이 왜 카자흐스탄에서?」

사진자료

2015년에 있었던 금관총의 재발굴 조사 ⓒ김환대

경주 간묘(諫墓) ⓒ김환대

경주문화원에 있는 성덕대왕신종이 있던 자리 ⓒ김환대

경주 신당동 고분 ⓒ김환대

경주 신당동 고분, 발굴 조사로 드러난 호석과 받침석 ⓒ김환대

경주 표암재에 있는 안상이 새겨진 판석 ⓒ김환대

경주 통일전에 봉안된 무열왕·문무왕·김유신의 영정 ⓒ김환대

금관총 보존전시공간 ⓒ김환대

나정 설화를 상징하는 조형물 ⓒ김환대

남산 해목령 ⓒ김환대

담엄사지 당간지주와 초석 ⓒ김환대

무장사 아미타불 조상 사적비 ⓒ김환대

명활산성 ⓒ김환대

시베리아 샤먼의 관 ⓒ강인욱

옥천 구진벼루 ⓒ이건일

은율암에 그려진 망부석 ⓒ김환대

장산 토우총의 내부 ⓒ김환대

장산 토우총, 산으로 옮겨가는 고분 ⓒ김환대

중국 지안시에 있는 장군총 ⓒ홍지선

『조선고적도보』에 실린 김양 묘 ⓒ국립문화재연구원 문화유산연구지식포털

『조선고적도보』에 실린 경덕왕릉 ⓒ국립문화재연구원 문화유산연구지식포털

『조선고적도보』에 실린 경애왕릉 ⓒ국립문화재연구원 문화유산연구지식포털

『조선고적도보』에 실린 미추왕릉 ⓒ국립문화재연구원 문화유산연구지식포털

『조선고적도보』에 실린 무열왕릉 ⓒ국립문화재연구원 문화유산연구지식포털

『조선고적도보』에 실린 삼릉 ⓒ국립문화재연구원 문화유산연구지식포털

『조선고적도보』에 실린 석굴암 ⓒ국립문화재연구원 문화유산연구지식포털

『조선고적도보』에 실린 선덕여왕릉 ⓒ국립문화재연구원 문화유산연구지식포털

『조선고적도보』에 실린 성덕왕릉 ⓒ국립문화재연구원 문화유산연구지식포털

『조선고적도보』에 실린 신문왕릉 ⓒ국립문화재연구원 문화유산연구지식포털

『조선고적도보』에 실린 원성왕릉 ⓒ국립문화재연구원 문화유산연구지식포털

『조선고적도보』에 실린 오릉 ⓒ국립문화재연구원 문화유산연구지식포털

『조선고적도보』에 실린 정강왕릉 ⓒ국립문화재연구원 문화유산연구지식포털

『조선고적도보』에 실린 진평왕릉 ⓒ국립문화재연구원 문화유산연구지식포털

『조선고적도보』에 실린 탈해왕릉 ⓒ국립문화재연구원 문화유산연구지식포털

『조선고적도보』에 실린 헌강왕릉 ⓒ국립문화재연구원 문화유산연구지식포털

『조선고적도보』에 실린 헌덕왕릉 ⓒ국립문화재연구원 문화유산연구지식포털

『조선고적도보』에 실린 흥덕왕릉 ⓒ국립문화재연구원 문화유산연구지식포털

쪽샘지구 발굴 현장 ⓒ김환대

치술령 망부석 ⓒ김환대

천마총 ⓒ김환대

카자흐스탄 베샤티르 고분 ⓒ강인욱

크림반도 호흘라치 출토 금관 ⓒ강인욱

토함산 탈해 사당 유적 ⓒ김환대

합천 대야성 ⓒ임병기

혁거세 거서간 ⓒ김환대

화백회의 ⓒ김환대

황성공원에 있는 김유신 동상 ⓒ김환대

영상자료

KBS 역사스페셜, 2010, 『수수께끼의 나라 신라 1편 천마도 미스터리』
KBS 역사스페셜, 2010, 『수수께끼의 나라 신라 2편 금관은 왜 사라졌는가』
KBS 역사추적, 2008, 『문무왕 비문의 비밀 1부, 신라 김씨 왕족은 흉노의 후손인가?』

웹사이트

국립문화재연구원, 조선왕릉디지털백과(https://portal.nrich.go.kr/royalTomb)
한국고전번역원, 한국고전종합DB(https://db.itkc.or.kr)

왕릉으로 만나는 역사 : 신라왕릉

초판 1쇄 인쇄	2022년 07월 26일
초판 1쇄 발행	2022년 08월 05일
지은이	김희태
펴낸이	김양수
책임편집	이정은
펴낸곳	휴앤스토리
	출판등록 제2016-000014
	주소 경기도 고양시 일산서구 중앙로 1456 서현프라자 604호
	전화 031) 906-5006
	팩스 031) 906-5079
	홈페이지 www.booksam.kr
	이메일 okbook1234@naver.com
	블로그 blog.naver.com/okbook1234
	포스트 post.naver.com/okbook1234
	인스타그램 instagram.com/okbook_
	페이스북 facebook.com/booksam.kr
ISBN	979-11-89254-70-4 (03910)

맑은샘, 휴앤스토리 브랜드와 함께하는 출판사입니다.